"A tradução não se cinge apenas a palavras:
é uma questão de tornar inteligível uma cultura inteira."

Anthony Burgess

EDITORA TRINTA ZERO NOVE

Título: **Shamisos e outros contos**
Direcção da colecção: **Sandra Tamele**
Revisão: **Editora Trinta Zero Nove**
Capa e Projecto Gráfico: **Editora Trinta Zero Nove**
Paginação: **Editora Trinta Zero Nove**
Impressão: **Editora Trinta Zero Nove**

ISBN: 978-989-9022-99-7
eISBN: 978-989-9139-01-5
Depósito Legal DL/BNM/1056/2022
Registo 10969/INICC/22

Contos originalmente publicados em:
Lettres de Lémurie, n° 3, 2020
Windows into Zimbabwe; 1st Edition; Weaver Press; Harare; 2019

Av. Amílcar Cabral, nº1042
Maputo
Moçambique
contacto@editoratrintazeronove.org
www.editoratrintazeronove.org
@editoratrintazeronove

SHAMISOS
E OUTROS CONTOS

Colectânea de Contos Traduzidos pelos vencedores
do Cocurso de Tradução Literária 2021

Coordenação de Sandra Tamele

Conto | (en)cont(r)os 08

ÍNDICE

SOBRE O CONCURSO

A primeira edição deste Concurso de Tradução Literária foi realizada em Julho de 2015 e passou a acontecer todos os anos de 1 de Julho a 30 de Setembro, data estabelecida pela UNESCO como Dia Internacional da Tradução em 1991, para comemorar a vida e obra de Saint Gerome, tradutora da primeira versão da Bíblia Sagrada em latim (a 'vulgata') e padroeira dos tradutores.

A iniciativa foi pensada com o intuito de juntar tradutores e intérpretes para celebrar a profissão, e para sensibilizar a sociedade sobre o papel e a importância dos tradutores no diálogo intercultural.

O principal objectivo do concurso é promover a tradução literária, estimulando potenciais e tradutores principiantes a traduzir uma selecção de contos de outras línguas para o Português e/ou para as outras línguas moçambicanas. As três melhores traduções são recompensadas com prémios em dinheiro, livros, certificados e publicação na colectânea do Concurso.

Além disso, durante o concurso todos os participantes são elegíveis para participar gratuitamente em oficinas de tradução literária, onde recebem tutoria e teorias e prática de tradução.

Acontece que os contos traduzidos pelos vencedores do concurso de tradução literária permaneceram inéditas durante os primeiros três anos da inicitiva, apesar de terem sido repetidamente apresentados a várias editoras em Maputo, que não demonstraram interesse em publicar as estórias por se tratar de tradução, que não era o seu foco. Isto levou-me a fundar, em Julho de 2018, a Editora Trinta Zero Nove (também inspirada no dia 30 de Setembro), a primeira editora moçambicana vocacionada para a publicação de tradução.

Nas suas oito edições o concurso contou com a participação de mais de 800 jovens, muitos dos quais presentes na cerimónia de anúncio dos vencedores e entrega dos prémios, que se realiza a 30 de Setembro. Neste evento, os contos traduzidos são partilhados com o público numa adaptação dramática muda, superando assim todas as barreiras linguísticas.

O evento ganhou a reputação de ser a iniciativa cultural mais inovadora e inclusiva pelas suas leituras dramatizadas por grupos teatrais juvenis locais e pela interpretação ao vivo em língua de sinais.

Tudo isto levou a que a iniciativa fosse distinguida em 2020 com uma menção especial do Prémio para Excelência Internacional em Iniciativas de Tradução Literária da maior feira do livro do mundo, a Feira do Livro de Londres. Em 2021 o concurso venceu o Prémio de Melhor Iniciativa de Tradução Literária do Mundo no mesmo certame.

Vencedores 2021:

1º Prémio: Adrónia Fernando Nhabanga pela tradução portuguesa de That Special Place da autoria de Freedom Nyamubaya

2º Prémio: Ana Luzia Rodrigues pela tradução portuguesa de Joyeux des rues de Andrea Razafi

3º Prémio: Estêvão Afonso Cuna pela tradução Xitswa de Joyeux des rues de Andrea Razafi

O Júri deliberou ainda fazer **menções honrosas** aos seguintes candidatos:

Egas Canda pela tradução Bitonga de *That Special Place* da autoria de Freedom Nyamubaya

Laila Taju pela tradução portuguesa de *That Special Place* da autoria de Freedom Nyamubaya

Mabjeca Tingana pela tradução Changana de *Joyeux des rues* de Andrea Razafi

Mónica Margaride pela tradução portuguesa de *Trespassers* de Chiedza Musengezi

ANDREA RAZAFI

JÓIAS DE RUA

Tradução de Ana Luzia Baltazar Rodrigues

Diamondra, chamo-me Diamondra. Os meus pais chamaram-me Diamondra. É aceitável para uma menina como eu? Não sei, está tudo muito confuso. A minha cabeça anda a roda, não consigo pensar.

Contudo, aos vinte anos, não se deveria colocar este tipo de pergunta. Deveria? Não, eu não quero. Dirigir-me a todas estas pessoas, não me atrevo, nem iria conseguir. Gostaria muito de o fazer, sim tenho muita vontade de o fazer. Mas, são elas que já não me ligam nenhuma. Tenho medo de que elas não me deem ouvidos.

Mas, na frente de um diamante, talvez as pessoas passem a acreditar na perfeição. Diamondra, ela, ela está pálida, ela…, ela está suja. Sim, uma criança suja que corre pelas ruas à procura de carne fresca para devorar. Cada uma destas situações corresponde a perfumes diferentes de homens que passam pela sua cama. Cada dia é uma nova experiência, um novo prazer para saborear. E quanto maior é o seu desejo, mais ela pede.

Insatisfeita, ela procura um lugar para satisfazer os seus desejos. Ela acredita que o tenha encontrado. Nesse lugar as actividades nunca param. Finalmente poderá satisfazer-se ao seu bel prazer, pois lá já não existe pecado. Diamondra está no paraíso. Este bordel para ela é um paraíso onde não existe mais pecado. Ela está no seu habitat, ela está à vontade consigo mesma, sente-se bem consigo mesma. Pela primeira vez na sua vida, ela está satisfeita.

Nesse lugar, ela vai coleccionando branco, amarelo, preto, café com leite. Todos têm sabores diferentes.

É como estar na sorveteria. Há tantos aromas que queremos comer todos. Na sua colecção, alguns cheiram a água de colónia, outros um odor mais forte. A pele de alguns é macia e delicada e de outros ela é sim áspera e mal lavada. Diamondra pouco se importa com as imperfeições nos homens nem com o dinheiro deles. Ela só espera uma coisa deles: a nirvana. Todas as suas colegas, essas, só trabalham a noite. Mas, para Diamondra, por ela ser gulosa, os dias e as noites não têm nenhuma diferença.

Para as outras, essas meninas são meninas da noite. Raparigas que a gente nem ousa olhar de esguelha. Intimidantes? Não, é mais por causa daquilo que elas são ou então por causa do que a sociedade julga que são. Aos olhos da sociedade, são as raparigas das coxas nuas, dos peitos que saltitam ao ar que só cobrem com panos as partes íntimas, por imposição do trabalho delas.

Uma das amigas da Diamondra, Manitra, veio do campo para estudar na cidade. Mas, a sua mãe, a única pessoa que lhe restava, sucumbiu com cancro longe dos centros de saúde. Manitra viu-se sozinha para cuidar de seus dois irmãozinhos. Com o seu bacharelato no bolso, encontrar trabalho decente no centro da cidade não é fácil. Ela enviou CVs para todo o lado onde ela conseguiu, na esperança de que os responsáveis, pelo menos um, a chamasse. Nenhum deu seguimento ao seu pedido. O desespero tomou conta dela. Ela está triste, ela está com raiva, mas ela não vai desistir. Nunca. Seus irmãos nunca viverão na rua. Seria uma falta de respeito a memória dos seus pais. Diante de uma emergência, Manitra preferiu *sacrificar-se* pelos irmãos juntando-se ao bordel. De manhã ela estuda e a noite, ela é prostituta. A vida deles não é perfeita, mas pelo menos eles têm um tecto, têm o que comer todos os dias e dinheiro para pagar a escola deles.

Uma outra das suas amigas mais chegadas, Narindra, engravidou aos 14 anos. Os pais dela expulsaram-na da família. Uma família que prefere honra e prestígio em ao invés de orientar melhor a sua filha.

Face à decepção dos seus pais, ela ganhou coragem e saiu de cabeça erguida. Aos catorze anos tornou-se uma mãe-prematura. Decidiu prostituir-se para alimentar o seu filho e por não querer acabar como uma mendiga. Não é fácil para uma adolescente ser rejeitada pelos seus pais. Com as ideias confusas, ela disse a si mesma que este trabalho será *dinheiro fácil* quando aos catorze anos se tem um filho para criar.

A história de Diamondra é diferente da de Manitra e da de Narindra. Para ela, não foi a vida que fez dela prostituta. É sua escolha pessoal. Um desejo permanente que explode dentro dela.

Este desejo que nasceu quando ela tinha dezasseis anos.

Numa noite de inverno, na curva de um atalho, perto de casa, o mal aconteceu. Nesses períodos de inverno, o sol se põe cedo. Diamondra, como sempre, volta da escola as 17h30.

Três desconhecidos barraram a rua. Olhos vermelhos de sangue, um cheiro pungente no ar.

O olhar deles era pior que o diabo em pessoa. Diamondra temia pela sua vida, mas continuava a andar fingindo não os ver. Quando chegou perto deles, prendeu a respiração, um dos homens a segurou pela mão. Ela olhou fixamente para a mão dele.

Com lágrimas nos olhos, disse a si mesma que estava perdida. O primeiro impulso que ela teve foi gritar. Uma mão antecipou-se para a boca dela impedindo-a de gritar. Diamondra acabou no chão, imobilizada. Querendo se contorcer, nem sequer se podia mexer. O seu cérebro quer, mas os seus membros não reagem. Diamondra está sem forças. Estes homens penetraram-na, um a um, várias vezes. Esta inocente tornou-se objecto deles. Um objecto que sente nojo.

Ela está apavorada, abandonada. Ninguém para a salvar. Sentindo a respiração dos seus homens na sua nuca. Com carícias que a dilaceram. Ela preferiu enterrar-se profundamente, dentro de si mesma, longe desta cena assustadora, deixando o seu corpo à mercê desses estranhos. Foi a única forma que encontrou para proteger a pouca dignidade que lhe sobrou. Ela percebe ao longe as risadas e os insultos. Os seus olhos sem direcção olham para o céu quase estrelado. A dor, todos os seus nervos estão à flor da pele. Esta dor começa a subir pelos dedos dos pés, percorre todo o seu corpo até aos dedos das mãos. Felizmente chegou o frio. Felizmente? Sim, o frio a entorpece. Talvez. Ela sente-se pesada. Ela acha que ouve o barulho das ondas batendo suavemente na praia. O vento salgado soprando em seus cabelos durante a noite. Ela não percebeu que já era tarde, já era noite.

Ela abriu os olhos. Viu estrelas. Perguntou-se onde ela estaria? Sentia-se estranhamente leve. Passaram-se alguns minutos. Ela sentiu um frio nas bochechas. Nas suas pernas. Na sua barriga. Voltou das profundezas do seu ser. Sonolenta, de repente ela recordou-se de tudo. Uma sensação estranha tomou conta dela. O que foi isso? Ela não conseguia encontrar uma só resposta. Alguma coisa se desprendia dela. Parecia um relógio antigo caído na água gelada. Um relógio que perdeu um dos ponteiros. Qual deles? O ponteiro dos segundos? O dos minutos? Das horas? Para ela não importa. Mas ela sabe. Ela sente-o. Algo mudou nela.

Seguindo pelo atalho, o corpo dorido e cheia de frio, ela volta para casa.

Vendo o estado de sua filha, os pais da Diamondra já sabiam o que se tinha passado. O pai louco de raiva, imediatamente chama a polícia. A mãe, petrificada, sem saber mais que emoção evocar, pegou a filha pelos braços sem dizer uma só palavra. Ela sentiu o calor da mãe na sua pele.

Reconfortante. Devolvendo-lhe a vida.

A queixa foi arquivada. Levámo-la ao hospital, obrigamo-la a fazer diferentes exames. Diamondra goza de boa saúde física e está a tratar dos ferimentos. Os seus pais mandaram-na para uma associação que ajuda meninas como ela a superar os traumas vividos.

Mas, nenhuma terapia no mundo consegue retirar a sensação ou o facto dela estar *suja. O seu pai sempre diz: "é preciso combater o fogo com fogo"*, e este ditado andas às voltas na sua cabeça. Pouco a pouco, vai se transformando em *"é preciso combater a sujidade com sujidade"*.

A partir desse momento, Diamondra percebeu o recado, começou com os rapazes de sua escola. Sim, aos 16 anos, o sexo não é mais uma experiência para ela, tornou-se um passatempo. Ela conheceu todos os meninos da sua escola excepto um, Tojo.

Tojo é o único por quem Diamondra não sente vontade de fazer isso. Talvez seja porque este rapaz lhe traz segurança. Na frente dele, Diamondra sente uma paz fluindo dela. O seu coração acelera assim que eles se falam. O seu coração bate forte como um tambor. Bum, bum, bum. Ele pode fazê-la esquecer-se de tudo. O seu olhar leva-a para uma outra dimensão onde ela não passava pelo que passou, onde eles estariam juntos por toda a vida, longe dos problemas.

Aos 18 anos, o rapaz entrou na sua vida como um Deus Ex Machina. Mas, Tojo mudou-se para a província. Ele partiu sem saber que tinha levado o coração de Diamondra com ele. O mundo da Diamondra desmoronou. Uma desordem. O seu coração frio precisa de um corpo quente. Não. Um corpo não é tão quente. É preciso mais. Mais. Mais calor.

Narindra e Manitra incitam a Diamondra a tomar precauções

sobre a sua saúde, nesse seu desvario. Estas meninas, por mais difícil que seja, elas cuidam-se. Seus cartões mostram que elas estão *clean*. Foram-lhes feitas sensibilizações para que elas se previnam das DTS's e principalmente do HIV/SIDA. Proteger-se é inevitável no trabalho que elas fazem. Estas doenças não são detectáveis directamente naquele que está afectado e elas sabem disso. Na capital, quem trabalha na área da saúde sabe que as pessoas não se preocupam. A única maneira de as proteger é assumir os seus desejos, os seus vícios, a sua libertinagem e adoptar outras estratégias. Diamondra, ela não se preocupa com protocolos. Com certeza, ela protege-se também porque habituou-se no bordel.

Certa vez, aconteceu o que jamais se pensou. Tojo. Sim, Tojo veio vê-la. Vendo a mulher em que se tornou Diamondra, o seu coração quase parou. Mas, quem é esta pessoa? Em que é que se transformou o seu belo e inocente amor de juventude. Diante desta surpresa, repentinamente Tojo sentiu uma revolta a tomar conta dele. Ele nem sabe de onde vem esta sensação. Quem sabe seja por ver a nova Diamondra. Uma Diamondra que foi contaminada por todos os homens. A Diamondra que ele não reconhece mais. A raiva de Tojo ficou ainda mais intensa que acabou por enterrar todo o seu amor. Raiva no lugar do amor, ele queria aproveitar-se dela. Tratá-la como os outros a tratam.

Eles sentaram-se à beira da cama. O silêncio pairou no ar. Nada irritante. Em todo o caso, era um calmante para a Diamondra. Tojo, ele mesmo não aguentava mais. Puxou-a para junto dele. Tocou-a. Acariciou-a fortemente.

Partindo dos cabelos dela até aos dedos dos pés. Ela sentiu-se bela. Ela era bela. Os dedos persistentes de Tojo queimavam-lhe a pele. Que calor escaldante, dizia para ela mesma. Bruscamente, ele arrastou-a para o meio da cama, imobilizou-a, olhou-a com frieza: os olhos cheios de raiva. Movimentos vazios de emoção. Vazios de sentimento. Isso a incomodava, mas ela não podia negar nem reagir. Ela nem ousava olhá-lo nos olhos. Ela virava a sua cabeça. Ela sentia o coração dele sobre o dela. O coração dela, cheio de amor e o coração dele cheio de ódio. Bum, bum, bum. Ela arranhava os lençóis. Ele prendia a mão dela. Vermelha. Ela sentia que o seu corpo fervia. Fervia. Fervia. Ele sentia que a sua agressividade crescia. Crescia. Crescia. Os minutos se passaram. Passaram-se as horas. O sol se punha de felicidade.

No auge do acto, ela esqueceu-se de lhe pedir que usasse a camisinha. No fundo, isso não a incomodava nem tão pouco. Por ser ele. Por ser Tojo. Eles voltariam a ver-se. Mais. Mais.

Durante a relação, Diamondra mudou a sua *maneira de trabalhar*. Ela habituou-se a ele. Ela tomava conta dele. Preparava o café para os dois. Servia-lhe ramanonakas bem quentes como ele gostava. Preparava todo o tipo de comida caseira para ele. O bordel tornou-se a casa dela. Com os outros clientes, era puramente físico. Desta vez, com Tojo, ela investiu todo o amor dela nele. Ela quer sentir seus movimentos e suas carícias de uma outra maneira. Ela quer voltar para aquela outra dimensão que ela criou para eles quando eram adolescentes, satisfazendo o desejo que ela tinha medo de partilhar com ele. Diamondra está mais do que satisfeita, junto de quem ela mais ama no mundo.

Estranhamente, Diamondra não queria mais nenhum outro

homem, só ele. Quando ele chegava, ela não recebia mais ninguém. Quanto mais o tempo passa, menos Tojo estava presente. Suas visitas foram cada vez mais espaçadas. E ele deixou de lá ir. As semanas passaram-se. Ela manteve a sua nova rotina mesmo sem ele. Ela levantava-se todas as manhãs para preparar o seu café. Ela tomava o seu café perto da janela, esperando de novo a visita de novo a visita de Tojo.

Era uma manhã de Segunda-Feira, bom tempo. O frio acabava de cessar. Como de costume, os comerciantes apressam-se a expor as suas mercadorias as 7 horas. As lojas dos Karana só abrem as 9 horas. Os produtos eram essencialmente utensílios de cozinha, pequenos eletrodomésticos. No entanto, algumas semanas antes do início do ano lectivo, a venda de material escolar disparou. Diamondra prepara o seu café. Ela deu um gole. Ela caiu ao chão.

Ela abre os olhos e vê um tecto branco. Ela vira a cabeça. Paredes brancas. Pairava no ar um cheiro a água de javel. Ela está no hospital. Um médico seguido de uma enfermeira veio diagnosticar-lhe 10 minutos depois de ela despertar. O Diagnóstico: ela é seropositiva. Ela sentiu logo o gosto amargo das suas lágrimas na sua garganta. O médico tranquilizou-a. Ele prometeu fazer o seu melhor para a ajudar a passar por esta experiência. Foi o primeiro dia em que ela engoliu seus comprimidos azuis.

O médico voltou no dia seguinte. Ela lhe parecia cada vez mais familiar. Ele é muito gentil. Ela começa a enjoar-se dessa gentileza. Ninguém mais esteve com ela. Para os outros homens, ela não passa de um objecto. Certa noite, ele veio sozinho para uma consulta.

Ele estava de costas e verificava o soro da Diamondra, quando a Diamondra espetou uma caneta na cabeça dele. Porquê? Só porque ele era gentil. Ela não aceita esse novo estado dela. Ela vira as costas a tudo o que lhe parece seguro.

Já se passaram 40 dias em que ela está nesta cadeia feminina. Hoje, ela será julgada ao meio dia pelo crime que cometeu. De mãos e pés algemados, ela sobe num carro -patrulha para a capital, acompanhada de dois agentes da polícia. O carro-patrulha arranca devagar. Ela começa a apreciar as paisagens que a levam à capital.

Passados alguns minutos de trajecto, ela vai reconhecendo o quarteirão da sua infância. Era Sexta-Feira, a sua mãe talvez esteja a preparar o *mangahazo tetika* para ela e seu pai. Ela nunca mais falou com eles desde que se foi embora. Nesse momento, ela sentia saudades dos seus pais. Como ela queria que eles estivessem ali com ela. À alguns metros da casa deles está o beco onde a vida dela virou de cabeça para baixo. Até parecia que ela via os três homens novamente. Pertence ao passado, e necessário enfrentar o presente.

O Carro-patrulha aproxima-se da capital. Ela sente o olhar dos acompanhantes sobre ela. O carro parou. Os agentes da polícia desceram e chamaram por ela: Diamondra. O olhar das pessoas diante de um diamante, eles acreditam na perfeição. Diamondra, chamo-me Diamondra. Os meus pais chamaram-me Diamondra. Aceitável para uma menina como eu? Não sei, está tudo tão confuso.

ANDREA RAZAFI

LISIMA BZA NDLELA

Wutoloki la Estevão Cuna

Himina Diamondra. Avapsali vamina vandzichule vito la Diamondra. Svapfumeleka lesvo eka ntombhi yo ingi himina xana? Andzisvitivi, hinkwasvo sva ndzi pfilinganyisa nhloko. Ndzini zululuane, andziyehleketi khwatsi. Hambe svilitano, ka machume mambirhi ya malembe, asvingafaneli kuhitivutisa svivutiso lesvo. Ndzivutisa? Ahí-hi, andzilave kusvi kongomisa ka hinkwavo lavo vanhu , ahí-hi, andzinge tshuki, hambi kufika ndzinge fike. Andzinavela hakunene kusviyendla, kunene, ndzile ndlelene ya kusviyendla. Kambe, hivona vokala kundziyengisa. Ndzachava ku vanga ndziyengise.

Amahlwene ka Daimane avanhu vakholwela vusaseki lebzi baseke. Diamondra, awakwalalile, awanimona, na kambe awazviyhalile. Ive tombi yirhendzelekelaka hiti ndlela na yilava nyama leyimpsa kuva yita tsaka. Ndlela ni ndlela kamifambo leyo yini kununhwela loku kuhambaneke hi vavanuna lava hundzaka e mubedwine wa yena. Siku linwana ni linwana lini kuringa ni kutsaka lo kumpsa. Andlala Loko yile yikulo, Niku kombela nakona i kukulo.

Loko anga tsakanga, alavetela ndhau ya kutsakisa kunavela kakwe. Yena, awatsemba lesvaku se ayikumile. Aka ndhau leyo, asviyendlo asviheli, asvikota kutitsakisa hilaha anavelaka hakona, hikuva ka ndhau leyo, auwosvi abzahalikona. Diamondra awatitwa ali paradeseni. Ndhau leyo ya vugelezi, laha mihandzo leyi yitsimbisiwaka yikalaku yinga halikona. Awali ndzeni kantlawa wakwe, awatitwa kahle e moyeni wakwe na kambe awatitwa nawa hetelelile, ndzeni ka mirhi wakwe.

Aka ndhau leyo, Diamondra, awa hlengeleta valungo, majaha, va nhloge ya ntima, nhlonge ya kofi kumbe meleko. Hinkwavo vatsakisa kuhambana. Svifana niloko vali muntine wa vacavise va ntswamba. Kuni hindlela leyo sviphati-phati swotala svinavelisaka hinkwavo. Ndzeni ka nhlengeleto lowo, kuni votwala mati ya mukolonyi, vanwana avanunwha ngopfu swinene. Amuzimba wa vanwana usasekile wuthlela wunabzala, na kambe ka vanwana amuzimba wugwanjalile wuthlela wunga hlampsiwe hitindlela letinene. Kambe, Diamondra awangana mhaka niku hombonyoka ka vavanuna vakwe kumbe male ya vona, yena awanyimela nchumu cinwe ntsena kavona: inga ku dlaya kunavela kayena hinkwaku. Hinkwavo vanghana vakwe, avanga tirhi kuyafika vusiku, kambe ka Diamondra vusiko ni nhlikanhe akungana kuhambana hikuva ani kunavela svilo hintamu svinene.

Ka vanwane, avana vavona, i vana va vusiku. Svintombhana swaku ni kucuhukeka asvi cuhukeki. Vo chavisa? Ahí-hi, ngopfu-ngopfu hi lesvi a vanhu vasvi yehleketaku hivona. A mahluene ka vanhu, i tintombi ni makatla svinwe ni mavele handle. Kuyo mbonyiwa mathlelo yantsindza hi tinguvo ntsena. Hinkwavo avango lhuma, kambe i ntirho uvarhumaka.

Manitra, mun'we wa vangana va Diamondra, atile hi handle ka doropa lesvaku ata fundha doropeni. Kambe xaka lakwe lingaha salile, awali mamani wakwe ntsena, angafa himungundzo Kule ni xibelhela. Manitra, atikume aliyexe kuva ahlayisa vamakwenu vakwe, va vambirhi.

Akuva akuma ntirho walisima andzeni ka doropa, hi xitifiketi xa ubaxarelo ntsena asvikarhata. Hilesvo, Manitra akombele ntirho ka tindhau hinkwato, laha hi kutsemba awanyimela lesvaku atavitaniwa hi vinyi vatindhawu leto. Atsamile angayendle chume kaloko aveke xikombelo xakwe. Angeneliwe hiku vindlavindleka, akhomiwa hiukarhi, kambe anga veki mawoko hansi. Avamakweno vayena vangehanyi ndleleni. Lesvo ingava kukala xihlonipho kavapsale vakwe. Hi kukhomeka, hikola Ka vamakwenu vakwe, Manitra, angene augelezeni. Anhlikanhini, awadjondza na kambe a vusikwini awageleza. Automi bzavona abzingali le bzinene, kambe Kola kakutsongo avani ka kuveka nhloko, avani svakutijisa ni svaku vahakela tijondzo tavona.

Narinda, munwe wa munghana wavona, akumeke ani nyimba nawani tchume lamalembe ni mune. Avapsale vakwe vamuhlongolile. Hikuva avali lixaka lingaha rhangisa avukulo ni xihlonipho xa xibongo e lixakeni, handle ka nwana wavona.

Narinda atiyiselile mahlueni kaku khunguvanyeka hikola ka vapsale vakwe. Nawani chume ni mune ya malembe, ave mameni nawahali nwana. Hikukala ku angasvitive svaku atayendla yine kuva adlisa nwana wakwe, na kambe hi kukala anga svilave kuva mukombele wa zimola kuhela, akhete kuva ali mugelezi. Svakarhata akuva uli ntombhi leyi yaliweke hivapsale. Aka mipimiso yakwe, awatigwela lesvaku antirho lowo wutava wuyampsa akuva kukumeka male, loko aka Chume lamalembe na mune kuni nwana ahadlisiwaka.

Axihitani xa Diamondra axihambanile eka xa Manitra na Narinda. Diamondra, iwutomi lingamuyendla akuve ali mugelezi. Ive kunavela kakwe. Kunavela Loku akalaku anga kukoti ku kukhoma. Asungule kunavela nawani chume la malembe ni tlanu na linwe.

Ka vusiko bza vuxika, a vubihi abzi humelela aka migotlo ya tindlela ta kusuhe nikaya ka yena. Aka minkama yoleyo yakutimela, adlambu lihantlisa lipela. Diamondra, hintoloveto wakwe, aghena kaya mikarhi ya 17:30 nawa wuya hitijondzweni.

Vanhu vanharo vangativekiki vamusirhele ndlela. Amatihlo yavona mapsukile kukotisa ngati, ni mihefemulo ya vona ayinunwa yithlela yi tlava. Amacuhukela ya vona amachavisa kutlula Sathana hi vumunhu. Diamondra angheneliwe hiku chava nawa chavela utomi lakwe. Kambe akongome aya mahlweni afamba, ayendla svo ingi angavavoni va vanuna lavo. Loko afikile kusuhe navona, amoya awaukumela kule, loko acuhukile atikume ali mavokweni ya munwe wa vona. Anyime nkarhi nawacuhukile voko lelo.

Awarila, nawatsemba leswaku angahatahanya. Anchumo xa

kusungula lexi anga xipimisa ive kuba nyandha. Kambe akungahana nkama, avoko linwe litsutsumele kuya pfala nomo lesvaku kungatwakali guwa. Diamondra ale hansi, akhomiwile. Azama kuchukula, akuna ndlela, handle kaku gquma. Agqondo yakwe ya mukomba ndlela, kambe asvirho svakwe asvinga hlamule. Diamondra se avamuhete matimba. Hinkwavo lavo vavanuna vanghene kayena ha munwe ha manwe hiku phindhaphindha. Munhu wokala nandzo ahundzuke xigwa xavona. Xaku xasvitua kuvavisa.

Akhomiwa hiku chava. Ayexe. Angana waku mulamulela. Amihefemulo ya munwe ha mnwe wa lavo vavanuna ayitwiwa hi yena ka xikosi xakwe. Amakhomela ya vona amachavisa. Handle ka sviyendlo lesvo svakuchavisa, atikhetele kuva abalekela phakathi ka miyehleketo yakwe, atsika amuzimba wakwe kalavo vanhu kuva vayendla hawona kurhandza kavona. Leyo ive ndlela angayikuma akuva avikelela axihlonipho xitsongo xingaha salile. Amahleko ni sviphuntiso asvitwela kule. Amahlo yakwe ya phanga amacuhuka tilo namaphatima kukotisa nyeleti. Hinkwawo muzimba wakwe wa vavisa. Kusukela ka minkondzo yakwe kuyafica magumo ka tintiho takwe. Ndjombo kuni, xirhame. Njombo? Ina, axirhame ximukhome svirho. Svingaha tsuka yena atitwa nawatika. Yena, ayehleketa lesvaku ayingisa amagandlati ya luandle na mabanana hahombe. Amoya wa nchaka ya vusiku a wuba misisi yakwe. Awagasvitive svaku se alichonile. Kambe se akuphumile.

Apfule matihlo, awona tinyeleti. Atiwutisa Svaku se akwine xana? Atitwe hi kuhlamala angatiyanga. Kuhundze munkama yingake, asungula Kutwa xirhame kamarhama, Kuyela kamatsolo ni ka exivelekelo xakwe. Aphaphamile ka vurhongo, asungule kukumbukela hinkwaso. Angeneliwe hi moya wa kumuhlamalisa. Svivula kuyine svolesvi xana? Awangasvikoti kusvi tlamusela himarito. "Kunani lesvi svokala svingafambanga khwatsi". Atitwa kufana ni wache la khale Loko liwile dzeni ka mati yakutitimela. Wachi lelo linga lahlekeliwa hi nayethi ya lona. Yihi yakona? Nayethi ya maseconde? Ya mameneti? kumbe ya mawora? Anga svinyikanga ndhau. Kambe awasvitiva, asvitwa, svaku yena acincile. Hambi lesvi muzimba wakwe wungaha khwanyalile hi kuvavisa kumbe hi xirhame, asvikotile ku ateka ndlela akongoma kaya kakwe.

Avapsale va Diamondra, Loko vawona nwana wavona vassvitivile lesvi svingahumelela. Abava wakwe avitanile maphoyisa hixihatla. A mamani wakwe, hi kuchava awangasvitive svaku atakuyine, ayo mufumbarheta nawamiyelile. Dimondra, awatwa kukufumela ka mamane wakwe e muzimbene wa yena. Kukufumela, loko kungamuhanyisa.

Axikhalo xive xihundza. Aheleketiwile xibelhela laha vangaya muyendla svikambelo Svo hambana-hambana. Diamondra aka mirhi wakwe awangana mavabzi, kambe awa tiyengisela kuhola ka svilondza. Avapsale vakwe vamu helekete aka vumbano lowo upfunaka atintombhi ta kufana na Diamondra lesvakuva vatahlula lesvi vangasvihanya. Akuna ndlela yinawana yingamuyedlaku atitwa na abasile. Hikuva, abava wakwe awa tsama nawa mugwela svaku "Andzilo wu timiwa hi ndzilo kuloni" kambe ama vulavulelo lawo e nonwine wakwe ama vula ku " Anchaka yihelisiwa hinchaka kuloni". Kusukela ka kolano, Diamondra awanga kheti lueyi angaha famba naye masangu, asungula hi majaha ya laha angaha jondza kona. Ina, aka chume lamalembe na tlanu na linwe, akufamaba masangu, kayena akuli kuqhuva nkama. Ative hinkwawo majaha, ya xikolwa lexi angaha jondza kaxona handle ka, Tojo.

Tojo, hiyena wa munwe waku Diamondra angaha kala anga navele kumaha lesvo kayena. Svingaha tsuka ku a jaha lelo limuyendla a rhelela akulwisana kakwe ndzeni ka nkama nyana. Mahlweni ka Tojo, Diamondra awatwa kurhula phakathi kakwe. Ambilo yakwe ayiba, hiku khuluma svinwe nayena ntsena ayiba svinene. Bum, bum, bum. Tojo, akhohlwisa hinkwasvo, amatihlo yayena mayendla kuva Diamondra apimisa tindhau tinwana laha anga kala anga kumiwanga hinghozi leyi yinga muhumelela, laha vangatava svinwe vaza vahambana hi kufa, na valikule ni ti nkinga.

Nawani chume lamalembe ni tlanu ni manharo a jaha lisungule kutiwonela svawutomi la lona. Tojo ahume hika kaxifundza lexi angahali kaxona aya ka xinwana. Asuke nawanga svitive lesvaku awayive mbilu ya Diamondra. Hinkwasvo ka Diamondra svive sviwa hansi. Ambilu yakwe ayilava muzimba wa kuhisa, muzimba wa kukufumela. Kambe Tojo, yena awavilela kutlulisa.

Narinda na Manitra avahlohlotela Diamondra kuva ativhikelela kamavagwi e vuntugeni bzakwe. Avavanhanyana lavo nambi lesvaku vanyamile, vatihlayisa. Amakhati ya vona ya xibelhela mavula lesvaku avana mavague. Vona vave vaseketeliwa lesvaku vativikelela Aka mavague ya Ntungu na kambe hi ntsima-ntsima aka mavagwe ya xitsongua-tsonguana xa SIDA. Svakarhata kutivikelela ndzeni ka ntirho lowo vauyendlaka. Vasvitiva lesvaku a mavague lawa a matsumbuleke hi Munhu lweyi vafabaku nayena masangu. Hinkwasvo vasvitiva. Aka lweyi a tirhaka ndzeni ka doropa, vasvitiva svaku a vanhu ava tikarhati hinchumo. Akuva vakota kuva va vavikelela, andlela ikuva vapfumela kurhandza ka vona, Vayendla lesvi va svilavaka ni ku valava marhingo manwana. Diamondra, yena anga vindlavindleke hi vanhu vakumu vikela. Svile gqekeni, svaku nayena awativikela. Hikuva svihundzuke ntoloveto ka munti lowu wa vuntunga.

Siku linwane, Tojo ahumelelile. Tojo, atile atamu vona. Loko awona Diamondra kawutsamu lawusati leli angaha hundzuke ali kalona. Katsongo ahele mbilo. Himani tombi liya xana? Ntombi ya kurhandzeka yithlela yisaseka. Hikuvona svilo lesvo, Tojo, ageneliwe hi kuvaviseka kukulo phakathi kakwe. Kambe awangaxitive xivangelo. Svinga tsuka ali miwono ya Diamondra mumpsa. Diamondra lueyi hinkwavo vavanuna vanga hundza hi kayena, kumbe Dimondra wokala angahamutive kambe. Akuvaviseka ka Tojo akuli kukulo svinene, lesvi svinga yendla akuva a lahla lirhandzo lakwe. Akuvaviseka ka Tojo akupfale ndhau ya lirhandzo, yena se awolava Ku tlanga hi yena. Amuvona Svanga hilesvi vanwane vamu vonisaka xisvona. Vatsame tleluene ka mubede. Na vamiyelile. Ka Diamondra, asvikwatisane, kambe Tojo, awangaha gwenti kutikhoma. Amukokele muzimbeni wakwe, a mukhomile, a musvosva hintamu svinene kusukela kamisise yakwe kuyafika ka tintiho ta minenge yayena. Diamondra awatitwa nawa sasekile, atintiho ta Tojo ti kufumetile nkarhi wolowo muzimba wayena. Awatigwela mbiluine yakwe lesvaku, kamunghena kukufumela. Nawanga svipimisanga, amuyendle akumeka xikarhi Ka mubede. Tojo ayehle henhla kayena hindlela yaku anga chukuvanyi. Amucuhuke hindlela yaku chela xirhame, matihlo amani wukarhi. Mayendlela yakwe ama kongomisa ka miyehleketo. Diamondra angatitwe kahle, kambe asvingahakoteke kuva ayala lesvingaha humelela. Ajikisa nhloko ya yena akuva angamucuhuki nghoheni. Yena awatwa mbilo ya Tojo, aka mavele yakwe na yitale hilirhandzo. Kambe mbilo ya Diamondra ayitale hi kunyenyentseka. Bum, bum, bum. Diamondra awasima hitinguvu ta mubede. Kambe Tojo awakhome voku lakwe. Lo psuka. Diamondra awatwa muzimba wakwe wuchukuvanya, wuchukuvanya, wuchukuvanya. Tojo, nayena awatwa lesvaku avukinyavezi lakwe, Aliya litwakala, litwakala, litwakala, kuhundze mamenete, kuhundza mawora, adlambo alipela hikutsaka.

Ka sviyendlo svahandle kamiyehleketo, Diamondra akohlwile kumugwela agqoka xivikelo xamavagui. Lesvo ndzeni kakwe asvingamu vindlavidlekise na katsongo. Hikuva awali yena Tojo. Vona se avakumana nkarhi wihe na wihe.

Ndzeni ka lirhandzo lavona, Diamondra awacince matirhela yakwe. Se awamutolovelile, awamuhlayisa, awamulughisela kofi la vona. Awamuchelela ramanonaka mayelano ni lesvi angaha svirhandzisa xisvona, nalaha kufumela. Awa mulungisela tikhayeni ni tikhayeni ta svakuJa, sva kusvekiwa kaya.

Anjango wa vuntunga wuhundzuke kaya kakwe. Se asvili le gqekeni nikavanwane vafarangeje, lesvaku svosvi alirhandzo la Diamondra lile ka Tojo. Yena, Diamondra, awalava akutwa amafambela yakwe na kambe ni makhomela la mampsa, awalava kuthlelela aka thlelo linwana leli wangahalinavela nkarhi vangahali ntombi ni jaha. Aka Khambe leli awatsakisa kunavela loko angahalinako kakupatsana svinwe na Tojo. Diamondra awatwa nawa helelile, hikuyendla lesvi asvirhandzaku ngopfu.

Asvilo svite svitanyenyentsa, hikuva Diamondra awangahalavi vanuna vanwani handle ka Tojo. Kaloko afikile, Diamondra awangaha yamukele munwane. Hiku famba kankarhi, Tojo asungula kukala. Akuta ka yena kusungule kuve kungaha vonakali. Kambe Diamondra awahali karhi amunyimela. Kuhundze mavhiki, asvitoloveto swakwe lesvimpsa asviya mahlwene hindlela yole yayinwe, na waliyexe. Awapfuka ximixweni ayendla khofi, awakhweva kusuhe ni fastela, na warindzela kupfuxeliwa kambe hi Tojo.

Ka nhlikani wa muvulo, akunixirhame. Axirhame axaha kugama kuhela. Hintoloveto, avaxavise avahantlisa kuveketela svilo svavona svakuxavisa. Hinkama wa 7:00 wora wa mixo. Asvitolo sva karana asvipfuliwa kusukela 9:00 wora. Lesvi Sva ntsima-tsima svingaha xavisiwa awali svigwa sva kusvekela kasvona, ni lesvi svitsongo svitirhaka hi magezi. Ka nkarhi wolowo, ndzeni kamavhiki matsongo, vasungule kuxavisa asvilo sviyelanaka ni taujondzi. Diamondra awatilungisela khofi lakwe, aphuze nkolo wunwe, awa.

Diamondra apfule mahlo kasi ahenhla kayindlo akuli kobasa,

aloko acuhuka mathlelweni amakhumbi nawona amali yobasa. Ahenhla akununhwela mati ya javela. Yena, ali le xibelhela. Ka Chume la mameneti ka loko Diamondra apfule mahlo munwe wa dokodela ni munwe wamalandza yakwe, avatile Ku tamuguela xivangelo. Axivangelo: hilesvaku Dimondra akhomiwe hi xitsongua-tsonguana xa SIDA. Kolano asungula kutwa kubava kamihloti yakwe na yixika ankolweni wakwe. Kambe Dokodela amutiyisile, amutsebhisa kuyendla hilaha akotaka hakona kuva Diamondra ahundza aka miringo liya angahali kayona. Ive siku la kusungula angaminta makinina lawaya ya nkori yalikungu.

A dokodela athlele awuya himundzuku wakona, katsongo katsongo Diamondra awaya amutolovela. Dokodela awamukhoma hixihlonipho. Kambe ndzeni ka makhomele wolawo Diamondra asungula ku svingamutsakise. Hikuva Awanga se pfuxeliwa himunhu munwane. Kalava vanwani vavanuna, awangali munhu. Siku linwe nimadlambo, dokodela atile yexe akuva atamu kambela. Nawalikarhi ahundzukulile amukomba makatla, acuhuka a soro, Diamondra, yena amuthlave nhloko hixibalo. Himakamuni xana? Hilesvaku awali munene hintamo. Diamondra awayala matsamelo wolawo, afularhele hinkwasvo svingaha ni wutsamo laku atitwa kahle.

Se kuyendla mune wamachume ya masiku nawali jele ka vavasati. Nyamuthla ni nhlikanhi ata thethisiwa hi vudlaye angaliyendla. Nitinghomondho mavokweni ni munengene, aghenisiwa amoveni va kongoma ndzeni ka adoropa, aheleketiwa himaphoyisa mambirhi. Amova wusungule kufamba hahombe, laha angaha vona tindhavo leti tingahava kongomisa ndzeni ka doropa.

Ka Loko kuhundze mameneti mangake ya kufambeni ka vona, Diamondra akhumbuke andhavo ya wutsongwanine lakwe. Hi le kawazine, amamani wakwe kuni kutsuka ali ndleleni yaku mulunghisela mangahazo tetika. Ka loko asukile awanga se khuluma navona. Ankarhi lowo, awavaxuva. Awasvinavela svaku valikona lomu angahaya kona. Aka mpfuka utsongo waku fika kaya ka vona, kukumeka ndlela laha automi lakwe linga wonheka kona. Akhumbuke avavanuna lava va vananharho. Svihundzile, kulaveka kucuhuka ka nkarhi wa svosvi.

Amova se awuli kusuhe ni doropa, Diamondra awatwa svaku hinkwavo vandlule vandlela avalikarhi vamucuhuka. Amova wunyimile. Amaphoyisa machikile na kambe vamuvitana hivito la yena. Diamondra. Amahlo ya vanhu Mahlweni ka daimane vatshemba wunene lebzi baseke, Diamondra, himina Diamondra. Avapsali vamina vandzichule vito la Diamondra. Svapfumeleka lesvo ka ntombhi yo ingi hinamina xana? Andzisvitive, hinkwavso sva ndzipfilinganyisa nhloko.

ANDREA RAZAFI

ITHUTU SA MMUSEWENI

Mutaphulelo wa Ossufo Juma Lino

Diamondra, kiniitthaniwa Diamondra. Axipaapa aka aakitthunwe Diamondra. Ennikupaleleya wiira mwaaruusi ntoko miiva? Nkinsuwela, Khiivo etthu eniiwananeya. Muru aka khonikhala saana, nkinupuwela saana. Siso wa iyaaka miloko-miili, khaninrowa wiikohaka mananna ala ookoha. Kinorowa okoha? Nnaari, nkintthuna. Okumana ni atthu ooteene ale, nnaari nkineererya, nkimphiya. kaanitthuna wiira, ayo kinnitthuna vanceene opaka. Masi, taawo ahinikiiwelela. Kiri ni woova wiira awo khanirowa okiiwelela.

Ohoolo wa ithu sorera, atthu annikupalela olikanela. Diamondra, owo, owo ori oohasuwa, owo toonanara. Aayo, mwaana mmosa oonanara ontthimaka mmuseweni ohaavyaka soosiva ni enama ekiithi. Wakula nihiku ninhima ovirikana wa soowunkhela ya alopwana anivira vakhaamani vawe. Wakula nihiku oniixutta etthu esya, osiviwa osya aakhelelaka saneene. Nave tho, owo yoonvola etala, nava tho owo onniveka.

Ooriipinweene, owo oniphavela nipuro wiira asivelihe osiviwa wawe. Owo onnaamini wiira oophwanya nipuro nenlo. Nipuro nenlo, miteko khasimala. Owo onoorowa nto osiviwa aphelawe, okhala wiira wu, etampi khekhanle. Diamondra ori wiirimu. Empa eyo *wuupuwela wawe* ti erimu weyiwo muhokorokho wookhoottihiwa ohikhanle. Owo, ori mphironi mwawe, owo ori ootteliwa ni yoowo paahi, owo ori saana mweerutthuni mwawe. Ekwaha yoopacerya ya ekumi awe, owo ori oosiviwa.

Nipuro nenle, owo onaathanlaawe atthu ootteela, amwaavano, ooripa, ootweelela. Ooteene woonawaya osiva woovirikana. Ori ntoko okhala empa ya maralala. Yookhala eperefume naakelaahu okhuura sooteene. Okathi onaathanlaawe, akina annoona wunkhela maasi a *Alipa Xipalo*, akina annoona wunkhela vanceene. Nikhuru na akina tinoocoocowa ni noowoolowa, ni nikhuru na akina ti na mannyaari ni oohirapa saana. Diamondra khonaasiveliha axilopwana awe hata musurukhu aya. Owo onlipelela etthu emosa paahi ya atthu yaawo: ***enirvana***. Axirikha awe oteene onisomanyaawe, awosa anivara ohiyu. Masi, wa Diamondra, othana ni ohiyu wawe khonivirikana, owo khanikhala saana.

Wa akina, asimwali ala asimwali oohiyu. Asimwali nihinaawehereryaahu waaweha woomalelani wa niitho. Annoopopiha? Nnaari, mwaha wa iye akhannlyaayasa wala mwaha wa iye atthu anuupuwelelaya okhalasa. Mmayithini wa atthu, awo anamwane a itara soohikhuneeliwa, a itthirima vaate. Ampuro anikhuneeliwa ni ikuwo ti awo oororomeleya. Awo khahiyena modelo masi muteko wookhanyererya.

Mmosa wa axipatthani awe Diamondra, Manitra, ohoowa wiira

asome oviila. Masi amaama awe, opaapa omosa orinaawe paahi, aapweteya mwaha wa oretta wa cancer ottayiwene wa oxipitali. Manitra ohanle mmansawe woowi asuke axihimwaawe ayili ahanle ni yowo. Okhalanneene epaphelo yoosoma mpoolosani mwawe, oophwanya muteko wooreerela oviila khokhwenye. Owo ooveka muteko ampuro ooteene aawehereryaawe wiira akhulupale anakhanle mmosa anoomwiitthana. Khaavo aakhunnle wooreerelavo maveko awe. Muroromelo woommala mwiirutthuni. Owo tooriipiwa, owo toowali, masi owo khanimaala omaala wene, khanikhalakhala. Axihimaawe khanikhalakhala ekhalaka mmathalani. Yaarowa okhala oohittittimiha iye yuupuwela axipap awe. Woowaakuveya, amnitra ahithanla ohaawa wa axihimaawe orowaka empa yeele ahaatthunaawe. Othana awo musomi nave tho ohiyu awo onamuttompe. Ekumi awe kahi ya ekeekhayi, masi aakhalanasa wookhala, aakhalana yoolya wa kula mahiku ni tho akhalana yooliverya oxikola.

Mmosa mukina wa axipatthani awe oowaattamanana awe, Narindra orupanle orina iyaakha miloko ni ixexe. Axipaapa awe aroomwiikara mu emosini. Emusi enikupali ekeekhayi ni osuweliwa yaakhoottaka anaaya.

Owo ookuxa ominyala wawe matata mayili mwaha wa ohisiveliwa ni axipapawe. orina iyaakha miloko ni ixexe, owo okhanle maama mwaana. Ahisuwelaka yoowiira wiira anvahe mwana awe yoolya, nave tho ahipheelaka okhala nasimola, owo othanlalel okhala namuttompe. Kukhenye wiira mwali ookhoottiwa ni axipapawe. Miruko soovirikana, owo ohiihimerya wiira muteko owo khonikumiha musurukhu wookhweya mwaha wa iyaakha miloko ni ixexe nohaana mwaana oomuhuwa.

Mulamulelo a Diamondra aavirikana ni awo a Manitra ni a Narindra. Owo, kahi makhaleleo amukhalinhe namuttompe. Otthuna wawe . otthuna woomalela ni woowaakuveya. Otthuna opacenrye orineene iyaakha miloko ni ithanu na mosa.

Ohiyu wa mwiita, olperima wa ephiro waattamela owannyawe, yoohireera yohiiraneya. Okathi yoole wooriirya, okathi yoole ninvolowa nsuwa. Diamondra, ntoko olimalela wawe, ontthika oxikola okathi wa 17:30h. Atthu araru ohinaasuwelaawe yaahimweemexa mphironi. A mayitho ooxeerya ephome, ettheku enwa ni wunkha woohisiva. Oweha wayasa woopiha ntoko iwe wa Havara a mutthu. Diamondra aahooviha ekumi awe, masi aanirowa vakhaani-vakhaani akhalaka ntoko waaliyala alopwana awo. Ophinyaawe vakhiviru wa atthu ale, ahiweryaka amumula saana, owo oninweha mulopwna mmosa omuruuhelaka ntata. Owo aaweha saaneene ntata nenle.

Mayithori esanre mmayithoni, owo aahiihimeerya wiira oorimeela. Etthu yoopacerya uupuwennlyaawe yaari wunla. Okathi mukina. Ntata nimosa noowaaniwa owanoni wawe wiira ewaliwe eyano ehinyakule. Diamondra ori vathi. Oomaalihiwa. Apheelaka wiittikinya, owo onipheela okhuma. Muru awe onnuupuwela masi erutthu awe khenaakhula. Diamondra ooweriwa. Axilopwana ale anoomurupiha mmosa-mmosa, okathi woowaattha. Mwaaruusi owo oohittheka, axilopwana alesa ampanke etthu ayasa. Etthu enirowa oruuha wuupuwea woohimala.

Owo toowoova. Meekha. Kharina mutthu wiira amwaakhihe. Ayiwaka omumula wa axilopwana ale mmosa-mmosa okohi wawe, weepesa wayasa emurulaka ikuwo. Owo ommakela wiimaaliha, ottayiwene wa maphattuwela yaale onoonaawe, aahihiya erutthu awe wa oxukhuru wa atthu ale ohinaasuwelaawe. Makhalelo mamosa aawehaawe wiira aakhihere ekeekhayi awe vakhaani emuhalenle. Owo oniiwa otheya ottayiwene ni oniiwa soolavuliwa kamosa-kamosa soohireera.

Mayitho ayiye aniweha osulu oniila ehirina enihimaaya. Owereya oniphiya wakula vatthu wa isara sawe. Owereya weyiwo onikhuma onxithani wa manawo awe, onoovira mmwiilini wooteene mpakha okattani wa matata awe. Wooreravo mwaha oriirya ori vaavale. Wooreeravo? Aayo, oriirya onivukula owereya. Konoona wiira owo naruryo. Owo onikupali wiira onnyakula wa orimeela wawe vakhaani-vakhaani. Ettheku yoohireera, yoonanara evavihaka ikharari sawe ohiyu yoole. Owo khanisuwela wiira vahiila. Vahiila.

Owo ookhunula mayitho, oniweha itheneeri. Kiri woowi? Aahikoha. Owo aahimmora ohilipa mmakhuvani. Ovinre okathi vakhaani. Owo aaniriiriwa mmayithoni. Mmwettoni mwawe, mmirimani mwawe. Owo ohokolonwe aatuphelinwaawe. Ohikhala saana, owo onuupuwela okathi-tuukathi sooteene siiranenye. Wuupuwela itthu sootikiniha sookhala ni yoowo. Yaari exeeni ele? Owo khannyeela nsina. Yookhala ehononenye wa yoowo. Owo aahiisoona ntoko eroroco ya khalayi emorenle mmaasini a maralala. Eroroco erimelinwe sikano aya mmosa. Tuuvi? Sikano a sekuntu?, a minuutu? Wala okathi? Owo onniiliyala. Masi owo oosuwela. Owo onnirwa. Owo oovirikana eetthaka woohisuweleya mphironi, erutthu eri moowereyani wala wooriiryani, owo onrowa owannyawe.

Owannyaya makhalelo a mwana aya mwaamuthiyana, axipaapa a Diamondra arrosuwela exeeni yiiranennye. Paapa awe onanariwa ni owali, owiitthana naanaanoru mapilicia.

Amaama awe ekhanleene ntoko nluku, khansuwela yoowiira okathi yoole, onnivekela woowi mwanawe ahime nlavulo nimosa. Diamondra, owo onoorwa oviha wa maama awe munikulini mwawe. Omalihaka. Onvahaka okumi.

Malamulo aruwaniwa opilicia, aaroyihiwaawe oxipiritaale, opakiwa iteexiti kamosa-kamosa sovirikana. Diamondra mwiruthuni mwawe mukumi, nave yowo onnipenuwa mixankiho sawe. Axipaapawe amuroyihale onthankassoni onakhaliherya anamuane athiyana ntoko Diamondra wiira evirihe iye soonalyaaya.

Masi, mulaponi kukhanle murette onrowa ommupuweliha moota mukina woohikhala wiira owo toonanara. Apaapa awe annimuhimeerya khula nihiku: "enitthuneya oruuha mooro ni mooro", nave tho molumo yaawo annipitukuxa mmuruni mwawe. Vakhani-vakhani, owo onnikhala: " enitthuneya oruuha oonanara ni oonanara". Okhuma vaavale, Diamondra ohiixuttha opatta, apaceryaka amiravo amiravo oxikola wawe. Ayoo, wa eyaakha muloko ni thanu ni emosa, orupihiwa kahi mayixutto wiira owo, arweenle okhala maviriho okathi. Owo wahaassuwela amiravo oteene oxikola wawe kahi mmosa, Tojo.

Tojo mmosa wiira Diamondra khampheela opaka yeeyo ni owo. Kahi okala wiira mmiravo ole ohaana onuupuwelaawe wiira onoorowa omphwanyiha isara okatti vakhaani. Ohoolo wawe, Diamondra oniweha omala pooti wiira ompheela opacerya. Murimaawe onnimmana, omwiitthana okhuma anirowaya olavulihana. Murimaawe onnimmana. Boum, boum, boum. Oniliyaliha soteene. Oweha wawe onimuruuhela makhalelo makina woowi owo kharina matakhalelo yawo, woowi yarowaaya okhala vamosa okathi woteene wekumi, ottayiwene wa mixankiho.

Wa eyaakha muloko ni ithanu na tthaaru, mmiravo ole ohoowa mwiikumini wawe ntoko *muluku*. Masi Tojo ookhuma orowaka opooma. Okhumme ahisuwelaka wiira Diamondra osiveliwa ni yoowo. Okhala wa Diamondra wommala. Capharnaum. Murima awe woorirya onniphavela erutthu yooviha. Nnaari. Erutthu kahi yovihaxa. Owo ompheela oviha woowaatta. Oviha woowaatta.

Narindra ni Manitra annimuimeerya Diamondra wiira ayikasoope ni ekumi awe matweelelo awe. Axaarusi ala, ohinaawula muru akhanlyaaya, annniisukasa vakhanlyaaayaro. Ipaphelo saya sinhima wiira ale akumi. Aalakiwassa wiira yiikasope wa ITS ni ele yoottepaxa wa VIH/SIDA. Wiikasoopa khunsyakeya, okhalaka wiira muteko anivarayaya. Iretta seyiyo khasinooneya nanaanoru, woowi yowo oniikasopa onnikhala mukumi. Atthu ooteene assuwela. Opooma, atthu ale anvara oxipiritale aasuwela wiira atthu ahaana muxankiho. Wopora mmosa wowiikasoopa eri ni okupali iye ampheelyaaya, soovara saya, makhalelo a miteko saya ni opacerya makhalelo makina. Diamondra, owo, onoorumeela. Ekeekhayi, owo oonnisakiherya mwaha erweenle okhala malimalelo opwannyaawe wa empa close.

Ekwaha emosa, yahuupuweliwa ehiraneya. Tojo. Ayoo, Tojo ohowa onweha. Onwenhaawe mutiyana okhumme va Diamondra, murima awe wapheela omaala. Masi tipani yoowo? Oweenle okhala ooreera ni mwetthanawe a mwavano. Wa okhumelela wa makhumelelo yaawo, Tojo onnoona okathi ni okathi ohikhala saana mweerutthuni mwawe. Owo khasuwenle enikumaaya etthu ele yoohikhala saana. Wookhala wiira mwaha wa Diamondra mukina onwenhawe. Diamondra mmosa orupihiwe alopwana ooteene. Diamondra ohinaasuwelaawe. Onanariwa wa Tojo wahinnua woowi aahittipiha osiveliwa wawe. Owali opuro wa ossiveliwa, owo aapheela ovara arowawe ovara yamahala. Aapheela omoona ntoko animoona aakina.

Awo yahimmanasa ni wopaceryani wa olili. Oteene yahimmaaliha. Woohikhala muxankiho. Omaala, sooteene mwaha wa Diamondra. Tojo, owo, khanikhalakhala tho. Owo aahiimukuxa amurukununxela ohoolo wawe. Aaninvaravara. Onvaravara voolipa saaneene. Akhumaka omayihini wawe mpakha mmanauni. Owo, ayisoona oreera. Owo aari ooreera. Ikatha sa Tojo saaninwereya erutthu. Oviha xeeni wohapala, aahimummaathiha variyari va olili. Owo aahimmaathi vasulu vawe volipa saana wiira ahivenye. Aahinweha ntoko yowo oriiriwe. Mayitho oowali, otthikinyiwa woohikhala muteko. Owo anninweha watta soowiira, masi owo khakhanle ookhootta yaarowa wiiraneya. Owo kheererya onweeha mmayithoni. Diamondra aanirukunuxa muru awe. Owo aniweha murima awe msulu. Murima awe wa owo, woosiveliwa ni murima awe wa ole woowaatta ohaayini. Boum, boum, boum. Owo anivarelela mikhumi sawe soolipa saana. Tojo onivarelela woolipavo saana ntata na Diamondra. Ooxerya. Diamondra onoona erutthu awe bouge, bouge, bouge. Tojo onoona owali awe wiira waanwela. Onniwela. Onniwela. Minuutu saanivira. Siiso ewoora yaahivira. Nsuwa nahikela, wanniila.

Siiraneyaka soosiva, Diamondra aahiliyala omuhimeerya wiira aware soowara. Masi, vamurimani vawe, eyo khiyaamuhaaxa nnakhala vakhaani. Okhala wiira aari yowo. Okhala wiira aari Tojo. Awo nlelo yaanoonana. Nlelo. Ni nlelo.

Wookathi yoole siiraneyaaya, Diamondra ahivirikaniha makhalelo awe oovara muteko. Owo ahimulamalela yena. Owo animusuka yena. Diamondra aanaapeya etthuka murima wiira elyaaseke vamosa. Aanimukawela raman oonaka ooviha saana siisaale amupheelaawe. Owo animpakela wakhula makhalelo a yoolya yaapakiwa empa yeele. Empa close erweenle okhala opuro awe omphiyaawexa. Ni ananakoso akina, onipheela mwiili paahi. Masi, ekwaha ela ni Tojo, owo onvaha osiveliwa wawe wooteene. Owo oniphela oweha sovara sawe ni orosariwa wawe moota mukina. Owo ompheela ohokolowela itthu opankaawe anari mwaarusi, ekwaha ela apuhaka osiviwa oovawe onvaha Tojo. Diamondra oophiyeriwa, aphiyeriwaka wa yeele enimusivelaxa mulaponi.

Woohireeravo, Diamondra khaapheela alopwana akina ohikhanle yoole. Okhuma oronwaawe, owo khamwaakhelenle mulopwana mukina. Okathi onnivira woowaatta, ni Tojo khanikhala vaava. Mahiku alayihalyaawe orwa aavira khalayi ni aanitepa ovira. Nave tho, owo khanrwatho. Diamondra onnimulipelela nlelo. Isumana saaniivira. Makhalelo awe mapheya yaari yaale woohikhala Tojo. Owo aanivenya vaasiisu ni opaka etthuka murima ntoko iiraawe. Aaniwurya soowurya waattamela va canelani, aweherer-yaka oxekuriwa wa Tojo.

Waari Segunda vaasiisu, nihiku nooreera. Oriirya wahivukuwa vakhaani. Ntoko olimalenlyaawe, alipa ootumiha yaanithenkesha woowi erowe yatumihe okathi yoole wa 7h. Ilodja sa Okarana kasintthukuliva ahiphinye 9h. Itthu sarameliwa saari iyoopwe soowaapeela, ikaruma ixikhaani wakhula muthinto. Siiso, wa isumana vakhaani wa opacerya exikola, variyari wa sothuma sa oxikola. Diamondra ompaka etthuka murima awe. Owunrye ekhuaha emosa. Omora.

Okhunula wene mayitho ori okathi wootteela. Orukunuxa muru awe, omphwanya exiri yootheela. Etheku ayiye yaankha maasi a Javel. Ori oxipiritale. Doctore mmosa atthariwaka ni nfirimeero aahirwa omoona enimwiira eviraka minuutu miloko okhuma vaavale okhununlaawe mayitto. Enimwiira: owo oretta wa Sida. Vaavo, aahipacerya wunla ni woona owereya vammilo vawe. Totore aahimukhoottiha wunla. Ahimuhimeerya wiira onoorowa opaka enrowa oweraneya wa orettha ole. Naari nihiku nopacerya ni saahikhala ikinino soattela sa eretta yele.

Totore ohoowa ovara ekina. Wakhula ekwaha arowaawe aakhala ntoko mmusi. Totore owo tooreera murima. Masi Diamondra opacerya ohisiveliwa mwaha moota Totore ole onkhalaawe ni owo. Khaavo mutthu otonko wiira siisaale ni yena. Wa alopwana akina, owo etthu yoohikhala mureerelo. Ohiyu mmosa, Totore ohoowa mmansawe wiira apake yoopaka awe wa eretta. Vaavo aakhoottiheryaka mirethe sa Diamondra ni amurenrye ettuli, Diamondra ahimuhoma ni ekaneta mmuru mwawe. Mwaha? Mwaha okhala ooreera murima. Owo okhootta wiira yena oomalavo. Owo onnihiya ottuli sooteene sinimuhaaxa.

Annivira mahiku muloko ni mixexe areene mukalaposo mwaathiyana. Olelo, onrowa olamuliwa othana mwaha wiiva iwe ohiivalyaawe. Otthukiwa matata ni mettho sawe, owo oniwela mukaaroni wiira arowe opooma aveleliwaka ni mapolicia mayili. Ekaro yahivenya vakhani-vakhani. Nanaanoru owo onnoona itthu sooreera sinooneyiha epooma.

Ovinraaya okathi vakhaani yeetthaka, owo aahuupuwela ohalana enamwane awe. Waari djumwa, amamawe pooti wiira ampaka mangabazo tetika woowi yena ni apaapawe. Owo khalavulanne okuma vaavale oronwaawe. Wa okathi yowo, anoona othoyiwa axipapa awe. Owo anipheela woowaatta wiira yaari vaavale ni yena. Wa mphimo vakhaani wa owanyawe emphwanyaneya ephuro weyiwo ekumi awe ehononeyaka. Owo oniwoona alopwana araru yaamutuphenle. Etthu evinre, mpakha wuupuwela naanaano.

Ekaaro aryaawe yaanaattamela opooma. Onniisona awehiwaka weetta ekwaha. Ekaaro yaneemela. Mapolicia yaahikhuruwa ni yaahimwiitthana nsina nawe: Diamondra. Oweha wa atthu ohoolo wa Ithutu, aanikupalela oreera. Diamondra, kinihaniwa Diamondra. Axipaapa aka akitthunwe Diamondra. Ennikupaleleya wiira mwaarusi nttoko miiva? Nkinsuwela, sooteene khasiniiwananeya. (ii) Gukurahundi

NAIVO

A LEITORA

Tradução de Cádia Maria Manhique

- I -

Eu já desci e subi estas escadas inúmeras vezes, desde os meus seis anos de idade. Em baixo, no meio da ruela que atravessa entre as casas, corria entre uma sarjeta pavimentada de betão. Com o tempo o pavimento afundou-se e desapareceu completamente, surgiu uma água fervorosa que ficara encardida depois esverdeada e no fim negra, exalando uma imundice pestilenta vinda de dois canos de esgoto. Na estação seca, a corrente de água é muito fraca para carregar a carniça que nela flutua e o cheiro é tão forte que incomoda os ocupantes das viaturas presas em engarrafamentos a cinquenta metros de distância.

A delapidação progressiva da escada e da ruela tem acompanhado a minha infância e a minha adolescência. A primeira laje no topo da encosta dividiu-se no ano em que o meu pai abandonou-nos para ir morar com uma locutora de rádio. Eu e o Dama estávamos na 5ª classe, quando pelo peso dos alunos que brincavam saltando do topo das escadas e se perseguindo pelos corredores a laje caiu; em seguida numa noite caiu a parede da velha casa aos tijolos vermelhos na primeira curva do caminho, durante as inundações do verão; as aulas terminaram e a minha mãe se recuperava do seu primeiro desmaio convulsivo; tinha sido abandonada pelo seu actual homem e tinha perdido toda a esperança de entrar no instituto de enfermeiras; foi nessa altura que eu também fumei o meu primeiro cigarro. Para chegar em casa do Dama deve-se seguir pelo muro que termina no poste elétrico, o muro foi substituído por muros pequenos mal cimentados com arrames farpados ou pedaços de garrafas partidas.

A mercearia Wang Chung, á direita saindo da ruela, há muito tempo era o local de encontro dos alunos da escola protestante Rainitovo onde a cerca do pátio terminava na rua. Eles comiam sanduíches de conservas vegetais, chamussas, biscoitos de manteiga e pastilhas elásticas Hollywood bebendo Coca-cola e limonada inglesa Bonbon. Dama e eu estudávamos numa escola pública, tínhamos inveja desses miúdos de uniforme azul. Naquela altura a minha mãe preparava bolinhos de carne fritos, frango frito, donuts de banana para os clientes de Wang Chung, eu levava os dois enormes baldes cheirosos de manhã antes de ir à escola e passava buscar o dinheiro na tarde a volta da escola com Dama, aproveitávamos e comíamos bolachas recheadas de chocolate "*Chocoprince*", uma ou duas torradas "*Melia bleues*" reaproveitadas pela minha mãe e assobiávamos aos alunos que passavam. A minha mãe nunca verificava os descontos da sua venda. O tabaco agravava os seus desmaios.

Ao longo do caminho, não havia nada fora da grande casa de blocos para além de algumas casas distantes umas das outras e árvores, onde uma fazia sombra sobre a cabana do magarefe. Mas, os montes selvagens repletos de ervas daninhas, onde quando crianças íamos brincar, desapareceram rapidamente. Ao longo dos anos, a ruela ficou ornamentada por novas casas com as fachadas adornadas, cujos telhados de zinco foram lentamente cobertos de ferrugem e bossas. O magarefe, que há tempos frequentara a minha mãe, fugiu assim que ela começou a falar de casamento, desmontou a cabana e cortou a árvore para construir um restaurante-bar rústico. Foi o ano das nossas primeiras farras. E também da minha primeira gonorreia.

O meu amigo Dama cumpria a sua primeira pena na prisão pouco tempo após a aparição das primeiras prostitutas na rua. Esteve preso por ter agredido o director da escola por ele ter-se envolvido sexualmente com a sua irmã mais nova, ameaçando mandá-la embora por não pagar as mensalidades. O Dama na altura já tinha a reputação de durão. A minha gonorreia ainda não havia passado, cumpria com dois tratamentos, onde os antibióticos eram administrados por uma vizinha estagiária de medicina. A dor ainda era forte, quando urinava não conseguia conter os gritos. Ia aliviar-me longe de casa e na rua, por trás de um poste, para não alertar a minha mãe. Nesse instante no meu íntimo desejava que todo o bairro fosse devastado até as suas fundações por um exército de bulldozers. Talvez assim pudesse renascer algo menos sujo e cruel de lá.

A vizinhança merecia ser destruída pelo fogo, além disso Wang

Chung pai foi morto pela explosão de uma botija de gás na sua cozinha. Lembro-me claramente porque o meu pai tinha voltado para tentar reconciliar-se com a minha mãe. A locutora de rádio abandonou-o para juntar-se a um polícia. Então ela terminou com o meu velho, ele envergonhado, voltou choramingando para os braços da minha mãe, que gritava como louca, dizendo: "*Dez anos! Dez anos! E tu ousas voltar?*" Antes que ele desaparecesse definitivamente, eu pude dar-lhe um pouco do dinheiro que eu e o Dama ganhávamos com os traficantes. O incêndio propagou-se na garagem próxima e só foi controlado nas margens das bombas de gasolina Solima. Os ladrões aproveitaram-se da agitação e do pânico para pilhar as lojas e as garagens.

Com esse incêndio, uma página foi virada, a minha adolescência havia chegado ao fim. Era um pouco antes da chegada d*a leitora* do bairro.

- II -

De facto, tudo mudara na vizinhança quando o chinês começou com a venda de álcool – para o grande desgosto do magarefe que se tornara proprietário de bar, e ainda fora eleito presidente do *Fokontany*[1] para contrariar a ofensiva. Os alunos do *Rainitovo*[2] haviam substituído os mecânicos de mãos pretas e os funcionários quando regressavam andando torto na rua com garrafa de rum na mão. A rua estava invadida por rapazes delinquentes circulando em viaturas ostentosas. Eles tinham olheiras e bochechas inchadas de gordura saturada, ficavam lá, passando horas encostados aos seus carros bebendo *THB*[3] e fumando *Dunhill.* As lojas já tinham fechado quando um trabalhador dos correios já bêbado tentou violar sexualmente uma aluna nas traseiras da boutique.

Eu e o Dama estávamos lá nesse dia, estávamos na segunda ou na primeira. O Wang Chung e o seu filho Sam tinham saído para carregar a sua camioneta na cervejaria Star, e estava lá a mãe, uma mulher velha meio surda, que se apoiava ao balcão. Dama interveio no momento certo, num golpe certeiro partiu o nariz do carteiro imobilizando-o, eu e a velha senhora chinesa socorremos a aluna tentando acalmá-la com chocolate e perfumes. Ela prometeu não dizer nada a ninguém, mas delatora como ela mesmo, justamente no dia seguinte todo o mundo foi convocado a brigada criminal. Felizmente Wang Chung pagara uma boa indemnização a família e molhara a mão dos bufos. Infelizmente, um mês mais tarde uma botija de gás explode na sua cara: os vizinhos, liderados pelo magarefe falaram de vingança do vice e a sua má índole – eles haviam-no atribuído uma reputação de 'perverso' e abusador de menores. Nos escombros, restava dele, apenas uma carcaça carbonizada.

Após algum tempo, os habitantes mais ricos começaram a trancar-se nas suas casas. Dama saíra da prisão trazendo marijuana, ensinou-me a preparar e a enrolar em *charros* de tamanhos diferentes. Logo após o incêndio e as pilhagens o local foi centro dos delinquentes e malfeitores. A maioria das janelas tinha grades de protecção forjadas a ferro, as paredes internas tinham caído e as propriedades encerradas com portões altos de pontas afiadas.

A única excepção era a vivenda que se encontrava em frente a Wang Chung. A vivenda estava intacta, aberta aos olhares, com o seu corredor ornado com um dragão, seus caminhos curtos cimentados e seu pequeno jardim de begónias.

A proprietária era uma senhora de lábios finos e testa firme, de idade incerta. Recém-chegada no bairro, não parecia ter marido e era pouco visitada. Isso suscitava muita curiosidade, desejo, e apetência também: algumas vezes o magarefe procurava interceptá-la quando ela atravessava a rua para comprar cigarros Boston. Era meio-dia e ela encontrava-se na sua varanda sentada numa cadeira de palha, com as pernas cruzadas, fumando e lendo um livro. Estranhamente, ela nunca se inquietara com os malfeitores.

Eu e o Dama estávamos sentados num muro situado na saída da rua a esquerda de Wang Chun enrolando a nossa marijuana. Da rua, ninguém nos podia ver, mesmo na luz do dia, a excepção da mulher da vivenda. Fazíamos-lhe sinais amigáveis e ela respondia agitando o livro que ela levava na mão levemente. Isso fazia-nos levitar. Nós a chamamos '*a leitora*'. A direita da vivenda, do lado do Colégio Rainitovo, havia um salão cabeleireiro onde alguns trabalhadores se encontravam às quintas e sextas a noite. Para a surpresa de todos, *a leitora* vinha uma vez por mês cuidar do seu cabelo. A esquerda de sua casa, em direcção a Solima, havia proliferação de pequenos comércios miseráveis, entre um vendedor de carvão e um fabricante de estampas que era também reparador de isqueiros. Acrescentando a desordem e a sujidade, o filho do Wang Chung, o Sam, juntava na sua montra objectos cada vez mais heteróclitos, entre os quais aventais coloridos, gaiolas de pássaros e penicos plásticos; e outras quinquilharias importadas da China, ele guardava uma bebida ilegal na sala de trás, onde íamos beber, fumar e conversar entre amigos.

O desenvolvimento deste tipo de actividades é o que leva as prostitutas do bairro ao abismo. Elas começaram descendo escadas e a arriscar-se na rua alguns meses após a chegada d*a leitora*. Eram meninas pouco tímidas, por vezes já mães, que a imprudência, a penúria, falta de emprego e a subida do custo de vida as haviam puxado a rua. Elas procuravam por um novo território, não podendo mais implantar-se nas zonas já saturadas como Antaninarenina ou Tsaralalàna. No princípio, elas tentaram se fazer passar por estudantes e agrupavam-se na mercearia, partilhando uma garrafa de THB e *catless*[4] para ganhar coragem, mas ninguém era ingénuo.

Elas saíram com os mecânicos, os funcionários e os delinquentes no carro, seus primeiros clientes. A sua presença acresceu a presença de vendedores ambulantes de cigarros, biscoitos e preservativos, para a fúria do chinês. Mas foi o proprietário da velha casa aos tijolos que se encontrava no caminho, um alcoólatra solteiro, que se aproveitara de mais um negócio: ele dividiu a sua casa em quartos separados por apenas um tecido ou parede contraplacada disponíveis a toda a hora de dia e de noite. Foi também colocado um painel representando um *zebu vermelho* sobre um fundo amarelo na entrada, que não significava nada, mas servia como um marco. Dama cortejava a filha do cabeleireiro e uma vez após ter fumado marijuana entrou com ela no *zebu vermelho*", e fê-la fumar um charro, tendo obtido informações sobre *a leitora*, dizendo que: era uma herdeira que havia vivido sempre no estrangeiro e perdido os dois últimos membros de sua família, seu irmão e sua velha mãe no naufrágio de um barco.

- III -

Reparamos que desde a chegada das meninas, *a leitora* adian-
tara a sua cadeira mais próximo do balcão e ficava observando at
altas horas. O que ela sentia, vendo esta fauna se alastrando até a
madrugada? Nós tentávamos adivinhar a sua vida, seu percurso
seus amores passados e presentes. Ela tornou-se objecto de dis-
cussões exaltadas na penumbra da rua na hora da canábis, e alén
das bebedeiras por trás das boutiques de Sam Wang Chung. Nó
a imaginávamos nua e estendida, pronta para acolher a entrada d
qualquer amante de passagem. Além disso, o que ela lia? A intrusã
dessa coisa, o tal livro, na nossa vida do bairro nos desconcertava
Dama dizia que ela devorava imagens obscenas e que se tocav
acariciando as suas partes íntimas no beiral da sua varanda. Um
vez ele a surpreendeu em pleno orgasmo. Ele levara até ela revista
lúbricas velhas que partilhara entre os colegas detentos na prisão
Um dos mecânicos perguntou-lhe zombando se isso não era apena
um pretexto, Dama, vibrara quando a vira. Houve troca de palavra
desafiadoras Dama tirou uma faca, e o outro uma chave inglesa
Foi necessária a intervenção das pessoas que por ali passavam par
evitar o pior.

A violência crescia no bairro. Nessa altura a minha mãe s
tinha juntado a uma seita evangélica. Ela dizia que era tudo obr
do demónio, que o mal prosperava. Ela detestava *a leitora*, ma
mantinha em segredo.

Numa noite dessas, um dos bandidos de carro, por causa de um
história sobre dinheiro agride uma prostituta. O golpe foi tão fort
que a menina caíra ao avesso gritando. Suas amigas vieram soco-

rrê-la mas foram brutalmente expulsas pelo grupo de malfeitores. Seguiu-se uma enorme confusão composta por golpes e gritos. O indivíduo, furioso, batia sobre o entulho jurando, e berrando em toda a vizinhança. O magarefe saiu da sua cabana para dar lições de vida e como conviver uns com os outros mas recebeu um forte pontapé na barriga e se contorceu de dores. Mesmo o Sam, que tinha o sono profundo, despertara e começara a gritar por coisas em chinês pela janela. A aglomeração se tornara imensa e desordeira e os malfeitores estavam armados com lanças artesanais. Sam, descontrolado, entrara no interior da sua mercearia e voltara com um fuzil de caça velho.

Nesse momento, um portão metálico se fechara violentamente. Uma sombra se mexe ornamentada de um ponto vermelho luminoso que surgira do escuro, em frente, no alto ouvem-se passos. *A leitora* andou entre os malfeitores, com um Boston nos lábios, vestida de um robe dourado que brilhava na luz do poste elétrico. Ela empurra o bêbado sem compaixão, surpreendido se sente já estatelado no passeio. Sam apontara-lhe com o fuzil no rosto enquanto a multidão zombava se dispersando rapidamente. A multidão se dispersava, o piscar de olhos e o olhar curioso desta mulher estranha que espera um desenrolar violento. Os malfeitores levaram o seu amigo tentando ressuscitá-lo, mas não tiveram nenhum gesto ameaçador. Os malfeitores pousaram as suas lanças. As meninas vieram socorrer a sua colega, que olhava fixamente o robe.

A leitora com as mãos na cintura, também esperava. Ela olhava aos malfeitores sem proferir nenhuma palavra, como quem já sabia o que fazer. Eles foram-se embora.

Este incidente endurecera as conversas, e avivara as paixões. O que lhe levou a intervir? Não seria infantil? De onde vinha essa afronta desconhecida, essa necessidade, essa insolência? O que ela procurava? As meninas disseram-lhe. Ela tinha um sotaque estrangeiro, se expressava como uma pessoa instruída, como essas mulheres que vemos na televisão. E, de repente Sam vira nos gestos dela uma atitude desesperada. Desde que ela aqui chegou que ele não para de ler esse livro, nos surpreendendo com citações enquanto nos servia rum no bar. Nosso amigo tinha mudado. Falava de estudos, confessou dizendo que esse sempre foi o sonho do seu pai mas a sua mãe estava demasiado velha para seguir com o negócio. Contou-nos que havia frequentado o ensino primário numa escola chinesa e o secundário no Colégio de França, que também escrevia em mandarim e "na língua de Molière" e que também tinha licenciatura em francês. Em um momento de inspiração Dama gritara: "Estás atento a dama da frente, hein! Achas que, ela tomará bem conta do teu negócio? Ela cuidará da tua boutique enquanto tu te ocupas apenas com os teus livros!" Sam se chateara e nos informou que deve fechar mais cedo. Ele nos reprime cheio de raiva, o que indicava que o Dama estava claramente certo. No dia seguinte á altercação com os malfeitores, duas prostitutas tocaram a campainha da vivenda. Elas saíram cinco minutos depois, beijaram a dona da casa que as acompanhou até ao portão, elas foram-se embora partilhando um pequeno maço de notas. No mesmo dia, o fabricante de estampas encontra-se com *a leitora* na rua e lhe oferece um livro, no qual ele mesmo havia feito um revestimento em couro. Ela aceitara e lhe pagara. Vendo a sua hesitação, ela acrescentara algumas notas, o que lhe arrancara um grande sorriso.

Para o dia seguinte ele propõe sandálias feitas a partir do corte de pneus velhos, que ela também aceita e calça para ir ao mercado.

Ver *a leitora* tornando-se o centro das atenções do bairro, dava esperança a mim e o Dama, sem que soubéssemos claramente qual era a razão. Talvez, víssemos nessas atitudes uma possibilidade de redenção? Quando estivéssemos na rua fumando os nossos "*charros*" nós sempre a cumprimentávamos quando a víssemos passar, e ela respondia da mesma maneira, com o seu livro, por vezes agradecendo com um sorriso. Nós e o Sam sempre nos perguntávamos se ela nos julgava, se ela examinava a nossa vida tirando suas próprias conclusões. Eu estava convencido que não, mas Sam não partilhava da mesma opinião, ele dizia que: as pessoas instruídas eram irrecuperáveis, que elas não conseguiam evitar o desprezo e que eram piores que os ricos. Ele nos contara quando o seu pai começou a trabalhar com um advogado francês, o qual, após ter descoberto que ele sabia ler e escrever o apelidou "*Confúcio*" ou "*O Chinês letrado*". Então, Dama perguntou porquê ele agora queria ser instruído: era para poder flertar com mulheres instruídas? Sam riu.

Dama querendo obter mais informações, um dia atravessa a rua e bate o portão da vivenda, com os seus olhos ainda avermelhados pela cannabis. *A leitora* apareceu na varanda e o perguntara de quê se tratava? E depois ela me viu acenando a mão da rua, a cumprimentando como o habitual. Ela desceu e eu a vi falando com o Dama. Quando ele vinha ao nosso encontro no bar, ele abanou um cheque e disse ao Sam:

- Tas a ver? Ela emprestou-me dinheiro!

- Um cheque? Não é possível! Sim, mas isso quer dizer o quê? Ela pode dar dinheiro a todo o mundo!

- Não, ela compreendeu que lhe peço dinheiro porque eu gosto dela. Disso, os ricos não percebem nada.

O chinês mais uma vez desata a rir, mas Dama não parava de sonhar, seus olhos vermelhos fixados na porta do café, como se estivesse à espera da aparição da senhora de frente.

- IV-

A leitora ausentou-se da varanda por um dia.

Nós já estávamos tão habituados que as nossas reacções foram imediatas. As meninas pareciam preocupadas e falavam pouco, observavam a porta da varanda que permanecia obstinadamente fechada. Sam mandara um dos seus empregados apurar sobre uma eventual encomenda de vinhos e maços de Boston. O magarefe usou como pretexto um formulário obscuro não preenchido para bater o portão, tendo vindo por três vezes, ousou até atirar pedras contra as janelas e mesmo assim sem nenhuma resposta – o que todos acharam ridículo. Quanto a eu e Dama, passamos mais tempo que o habitual no muro do caminho a fumar "*charros*". Nós só parávamos com alucinações quando os nossos cérebros ameaçavam diluir-se na fumaça.

Ela só reapareceu um mês mais tarde.

Estava muito magra, fumava muito mais que antes e já não lia. Agora ela se contentava apenas em olhar fixamente ao que acontecia na rua, sem que o seu rosto mostrasse emoção alguma. Do nosso lado, ninguém ousara ir vê-la para perguntar como estava. Todos faziam como se nada tivesse mudado.

No entanto, na vizinhança os rumores se espalham como um mar de espuma. Todos previam a sua morte para breve, a sua morte já era aceite como certeza. Qualquer coisa inelutável surgiria, um destino se escrevia. O seu nome já fora rotulado. As especulações eram quase certas, toda a gente se interrogava sobre essa presença insólita, sobre essa progressão fatal. Alguns diziam que ela nos havia amaldiçoado, que saindo do seu mundo ela rompeu um dique que continha fluidos nocivos. Algumas meninas ousaram visitá-la mas voltaram tristes e desanimadas. Ela tinha respondido as suas perguntas com uma voz monótona, isenta dessa curiosidade que lhe era característica. Ela esteve doente e dizia estar melhor: mas todos deduziam que ela já estava condenada. Uma das prostitutas chorou contando-nos como tinha sido o seu encontro.

Os meses passaram e a doença se agravara, a magreza se acentuara. Os ladrões invadiram pela primeira vez a sua propriedade. Roubaram uma velha antena de rádio que estava fixa a uma cadeira na varanda, que por vezes *a leitora* iluminava quando regava as suas begónias. Porém, não ousaram arrombar a porta, foram desmotivados pela figura macabra que rondara pela varanda. Talvez pelo temor de ser colhido de surpresa, levar bofetadas por aquele esqueleto vivo. Ninguém ousara chamar a polícia. Sam confirmara mesmo que ela estava na varanda quando os ladrões entraram em acção, e que ela simplesmente olhou para eles com os olhos abertos sem fazer nenhum gesto. Pode ser que ela quisesse que os ladrões a vissem mesmo e que a matassem? Era o que ele especulava. O nosso

amigo se importava muito, imaginava *a leitora* sendo atacada con
uma lança e sendo mutilada pelos ladrões, talvez mesmo violada
Mas, quem violaria um esqueleto?

Dama afirmara que Sam maldizia-a e que se vingava assim po
ter visto os seus projectos de herança e fortuna sendo roubados. C
meu parceiro regressava de uma nova encarceração, desta vez d
prisão de adultos. Na altura em que ele pediu emprestado dinheirc
a leitora, a filha do cabeleireiro engravidou: ele fê-la abortar nc
médico estagiário *zebu vermelho*. Mas tudo deu errado, a menin
sofreu uma hemorragia. Ela foi salva, mas os pais meteram queixa
O estudante foi condenado a um ano de prisão, Dama foi condena-
do a três meses, mais seis meses como agravante por ter espancad
o cabeleireiro em virtude de uma confrontação. Nesse período, e
me inscrevi na universidade. E a minha mãe teve novos desmaios

A leitora morreu dois meses após a incursão dos ladrões e
desaparecimento da velha antena de rádio. Nós dizíamos que at
aos últimos dias ela se recusava ir ao hospital. Durante os último
dois meses, um enfermeiro vinha regularmente aplicar-lhe inje-
cções. Uma criada ficava ao seu lado constantemente, ajudando-
a vomitar num balde, a carregava com ajuda de uma jardineir
que fora instalada na varanda. No dia da sua morte, um médic
veio confirmar o falecimento, e os pais apareceram.

De princípio, foi apenas uma viatura.

Um homem já com a idade avançada, bem vestido, meio cal-
vo, veio com o médico. Ele dava ordens aos domésticos, e parti
depois de trinta minutos, regressou uma hora mais tarde con
homens vestidos de batas que dirigiram todos para fora da casa

prepararam o corpo para o velório e a cerimónia fúnebre. Depois, foi uma sequência de viaturas, algumas luxuosas, outras modestas. As mulheres com penteados finos e com fatos e salto alto os homens de fato e com o semblante de pesar alguns com gravatas que se dirigiam com lentamente diante da falecida, a qual parecia mais pálida agora sobre o pano branco colocado em cima da urna.

Chegavam ajudas de todos os cantos da casa, levando provisões e bebidas, carregando conchas e panelas grandes; um cozinheiro colocara o arroz branco a cozer e atiçara o fogo sobre um caldeirão cheio de caldo de frango; as mulheres preparavam as chávenas para o café e chá, enchiam as bandejas de biscoitos e bolos. Pela noite foi estendida uma lona pelo pátio e foram colocadas cadeiras sobre o pavimento. Um músico chegara atrasado, se desculpando, instalara o seu órgão electrónico na sala que estava esvaziada de todos os móveis com excepção de duas filas de cadeiras e sofás colocados próximos a urna onde a família recebia as homenagens. As velhas arranjavam as flores ao redor do caixão. Um anúncio fora colado no pilar esquerdo do portão, um projector fora colocado na varanda, fazendo desaparecer a cadeira de palha na penumbra.

Pouco após o cair da noite, os primeiros visitantes chegaram, formando rapidamente uma fila no corredor. Os seus automóveis enchiam os dois passeios nos dois lados da rua, e até mesmo os exibicionistas em seus carros ostentosos deram a meia volta face a invasão dos carros que vinham ao velório. As meninas olhavam com atenção para essas mulheres elegantes que iam chegando em diversos carros, e que pela sua forma de rir e a sua voz aguda que se pareciam um pouco com *a leitora*. Depois as prostitutas desapareceram uma a uma, para reaparecerem três horas mais tarde, vestidas adequadamente mas com os lábios e pestanas ainda muito pintados. A sua presença na sala de espera, sobre a luz do projector, suscitara muita curiosidade e olhares de muita gente. Quando chegou a vez delas de entrar e dizer as suas palavras de pesar, elas ficaram em pânico por um instante. Olhando *a leitora* sobre a urna, algumas riram-se nervosamente. A mais nova se adiantara e entregara um envelope a uma velha senhora sentada ao lado da urna, ouviram-se murmúrios. Ficaram indecisas por um instante, elas discutiam no corredor de trás onde comiam com muito apetite arroz branco e caldo de frango olhando os visitantes que iam passando com curiosidade.

Eu e o Dama fizemos parte dos visitantes mais importantes, os moradores e os vizinhos, acompanhados pelo magarefe – presidente do *fokontany*. Esse último se revelara como um orador nato, inspirado, que embalado pelas aventuras e tiradas tristes d*a leitora* arrancou suspiros de emoções dos presentes. Sam estava na primeira fila ao lado dele, começara a soluçar. Os traficantes que estavam por de trás dos sofás aplaudiram mas foram logo reprimidos pelas velhas com um semblante sério. Nós não conhecemos nenhuma das pessoas sentadas aí nos lugares reservados a família. Do seu lado, elas perguntavam insistentemente quem éramos nós. Éramos autênticos estranhos vindos consolá-los pela morte de uma parente que era também estranha para eles. Foi o homem meio calvo quem respondeu a alocução do magarefe. Ele nos agradecera vivamente em nome da família e afirmara que o nosso apoio e presença reconfortavam a sua dor e pesar naquele momento de sofrimento. Dama já havia descoberto onde o álcool estava a ser servido: nós bebemos whisky, cerveja e outras bebidas finas sempre que nos apeteceu, enquanto Sam explicava ao magarefe e a outros engravatados o quanto *a leitora* o influenciara em seus gostos e a sua forma de pensar. Eu havia convencido a minha mãe, que estava sujeita a crises de angústia e palpitações, a vir a cerimónia fúnebre.

Quando as primeiras notas saíram do fundo do órgão eléctrico e já se entoavam os cânticos, mais tarde na noite, atravessamos a rua para fumar alguns "*charros*" na nossa esquina habitual, embuchados de arroz branco com molho de frango. "*Aza manadino ahy, ry mpihaino vavaka* ..." Os visitantes retornavam progressivamente as suas viaturas.

De repente Dama se pôs-se a jurar aos berros, dizendo que: havia visto um vulto se mexendo por trás do projector, na cadeira de palha. Com os olhos esbugalhados, ele me disse ter reconhecido a sombra d*a leitora*. Recompus-me e aconselhei-o a voltar a mansão para beber, comer e cantar. Algumas meninas juntaram-se ao coro, elas acolheram-nos com sorrisos e piscar de olhos. As quatro horas da manhã, já bem bêbados, demo-nos conta que nós éramos apenas três pessoas cantando, eu, o Dama e uma velha desdentada; as meninas haviam desaparecido, os homens estavam desajeitados e deitados em todo o lado sobre os sofás, e as suas mulheres estavam no andar de cima; mesmo o organizador estava a dormitar sobre um instrumento, no mesmo andar.

No dia do enterro, seis homens em trajes esverdeados e chapéus vermelhos levaram o caixão d*a leitora* até ao carro fúnebre. O cortejo foi feito por crianças carregando coroas fúnebres barradas de longas fitas brancas com escritas douradas: "A minha querida tia, da parte de ..."; "Minha querida, nunca te esqueceremos..." Eu e Dama, assistíamos a todo o processo da rua. Havíamos bebido, mas não ousamos fumar. A multidão dos pais e conhecidos, formando uma cobertura, esperava em silêncio que as coroas fossem colocadas no carro fúnebre e que a família próxima seguisse nas viaturas na dianteira. O carro fúnebre saiu lentamente do corredor, os sinais de emergência ligados, se dirigira pela rua em direcção ao colégio Rainitivo. As portelas se encerraram e as viaturas que ocupavam o passeio seguiam o movimento uma após a outra. A longa fila de carros de luxo saia do bairro em silêncio, sobre o olhar dos curiosos e espectadores, desfilando na estrada uma enorme fila de sinais de emergência.

- V-

O novo herdeiro, o homem meio calvo que havia respondido o discurso do magarefe, mandou colocar grades de protecção na mansão, pouco tempo após o encerramento. Sam vendera a mercearia a um outro chinês para continuar com os seus estudos em França.

Na ruela, a última laje inteira quebrou-se no ano em que eu decidira abandonar a universidade. A minha mãe tinha sido internada inúmeras vezes por demência. Todos os transeuntes e vizinhos que usavam o caminho deviam andar com as pernas afastadas como caranguejos ou saltando de um lado ao outro da sarjeta para poder passar. Dama foi preso pela polícia, após um assalto fracassado, e abatido quando tentava fugir. Eu vendi a nossa casa, que estava localizada no topo das escadas, por um punhado de feijões e de-

:idira de tentar a sorte no outro lugar.

Fokontany – aldeia ou bairro tradicional malgaxe. Chefe ou res-
ponsável comunitário pelos programas de desenvolvimento de sua comunidade;

Rainitovo - lugar, localização em Antananarivo, Madagáscar;

THB - Marca de cerveja;

Catless - receita de frango frito; pedaços de frango frito;

Zebu vermelho - animal; bovino doméstico, pacífico e dócil de cor vermelha ou cinza claro caracterizado por uma bolsa gordurosa nas costas. Assemelha-se as vacas sagradas da Índia.

Aza manadino ahy, ry mpihaino vavaka - escrito em malgaxe dizendo "ó ouvinte desta oração, não se esqueça de mim…"

JOHARY RAVALOSON

ILHAS DO MAR

Tradução de Sebastião Manhique

"Elas estavam lá, viviam numa das Ilha-do-mar. Eram crianças, três irmãs, que queriam ir pescar com anzol, elas usavam minhocas como isco. A vela estava içada e a canoa navegava na lagoa. Em pouco tempo, estavam sobre os recifes. De repente formou-se uma onda, o pêndulo subiu criando uma inclinação excessiva, uma das meninas agarrou-se ao remo-leme, outra estava aos gritos e a última segurava-se a estrutura da canoa emborcada. As meninas gritavam, seguravam-se. Certamente não era a primeira vez. Gritos, ruídos, era o barulho das peças do redemoinho. Desesperadamente, de alguma forma elas subiram no casco virado da canoa. Rindo do que lhes acontecera. Seguravam cada extremidade, na frente e atras, dos dois grandes remos. Elas remavam em direcção ao acampamento com todas as suas forças. A mais nova estava no meio, batendo no casco para afastar os tubarões. As três meninas na canoa virada se seguram, continuam remando rindo e batendo palmas, de repente o grande pássaro chegou vindo do oeste. O grande pássaro sobrevoava apenas sobre a mais nova criando uma sombra nela. Num ataque certeiro, o grande pássaro num voo mergulhado, levou a pequena embora. A pequena fora levada pelos ares de longe grita para a canoa, ao barco e ao veleiro dizendo:

- Tu que passas por aí, veleiro na canoa escuta, diga a minha mãe, ao meu pai na Ilha do mar que o grande pássaro me levou..."

O infortúnio acontece porque alguém se comporta mal. No fundo da canoa ela canta triste uma melodia melancólica. Um murmúrio mais alto que o barulho do mar. Embora o esforço, tentando parar de andar a deriva infelizmente, dirijo-me ao oeste. Não há nada ao meu redor. Nenhuma sombra ou ave nos arredores. Nenhum barco, canoa ou veleiro. Apenas um mar sem ilhas.

Para onde foram as ilhas-do-mar? O local que desde sempre foi o refúgio do povo do mar, abrigo acolhedor dos aventureiros à procura de peixes ou oásis no meio da água salgada, acampamento para crianças e para os apaixonados, cemitério dos ancestrais. Apenas os ancestrais, de facto, esses habitam permanentemente nas ilhas-do-mar. Estou distante de tudo isto. Os horizontes são vazios. A paisagem está deserta. Resta apenas o meu remo e o leme. Salvar a minha vida. Já não faço parte do povo remador? *Vezo Velondriake*[1] ! Os remadores vivem do mar.

Me levanto, abro os olhos e começo a remar contra a maré. Gostaria de consolar-me, como que de nada se tratasse. Quando

---

1 *Vezo é uma localidade de Madagáscar, Velondriake significa 'viver com o mar' em língua malgaxe no dialeto Vezo, significa povo que vive pelo mar.*

eu e o meu irmão Tsimivalo, por causa das nossas brincadeiras na praia demorávamos a voltar para casa, o nosso pai nos deixava nos maciços de corais e nos obrigava a voltar para casa a nado. Mais tarde tivemos a nossa primeira canoa, que nos levara mais distante, até perder a terra de vista durante dias, acampando nas ilhas-do-mar, por isso demorávamos, Raintsy conduzia a vela e nós remávamos. *Vezo Velondriake!* "Aos remos, povo do mar!" Raintsy cantava zombando deles. Depois nos assistia surfando sobre os perigos do canal. Navego remando contra a maré sobre o sol de Março. Quando me canso, fixo o leme para que não derive em direcção ao oeste. Se tivesse um barco a vela poderia navegar sem parar, e em três dias chegaria a Maintirano. Mas não me deixaram com nenhum saco vazio. Eles prenderam o Tsimivalo. Já identificamos, disseram eles. Se eles o pouparem eu posso navegar por dois.

As coisas não são como antigamente. Principalmente desde a chegada dos grandes barcos. Esses metem medo quando lançam suas enormes redes. Eles varrem o fundo e os nossos corações tremem. Sentimos dor. Os políticos mentiram-nos. Eles venderam o que nos pertencia o mar e suas ilhas. Nossa herança. Falaram-nos de desenvolvimento, mas nada trouxeram. Nem hospital, nem escola, nem mesmo fontenárias de água. Agora certas ilhas-do-mar estão interditas. Como podemos fazer, se actualmente para poder pescar devemos ir mais distante? Os primos converteram-se e não emigram mais. Instalaram-se sobre as dunas próximas das cidades costeiras e fazem comércio com os barcos grandes. Se fazem ao mar com embalagens de cerveja e legumes frescos transportados por baixo do barco a vela juntamente com peixes conservados com blocos de gelo. Tsimilavo queria comprar um motor. Ir mais longe, e regressar mais cedo. Após trabalhar duro por muito tempo num barco a vela, ele pôde casar-se com a filha do *Nahoda*. *Um pé n transporte de mercadorias mesmo num barco é um pé fora da água* Quando me associei, já fazia mais de três anos que ele chamav o irmão por *Bênção* por servir a todas vilas da costa, de Salary Maintirano. Já é altura de abandonar a embarcação familiar e usa um barco a vela para poder comprar uma canoa para o meu própri sustento. Velejar pelo mar, conhecer outras ilhas e comunidades levar sacos de arroz, caixas de mercadorias diversas, rever mulhere e cantar. É necessário cantar num barco a vela.

Esta é a pior pesca possível, a pesca na canoa é lenta. A paciênci não é o meu forte. Nunca gostei quando o meu pai me prendi a rede quando um ciclone se aproximava. Ele dizia, esta é a noss vida. Espera que o ciclone passe e vá ao mar. Dentro da água meu corpo fica molhado e a minha pele se recupera. Escuto o vent acompanhando a corrente do cabo o bom balanço, flutuando n ponta do mastro. Embora a traseira da canoa estivesse devidament equipada, por vezes é importante relaxar e simplesmente deixa as velas içadas. Alguns, tranquilos tocavam *marovany*[2] outros, *antsiva*[3] , deixando tudo nas mãos de Deus, cantavam alto, batiam palmas.

Chegado às margens do rio Tsiribihina a realidade bateu a por-ta, era altura de acordar desse sonho. Meu pai havia-me contad histórias sobre a floresta do submundo. Após uma longa camin-hada encontrei o pinheiro ideal. Cortei a árvore fiz os moldes e o

2 *Marovany, instrumento musical a cordas oriundo de Madagáscar.*

3 *Antsiva, flauta feita a partir de conchas oriundo de Madagáscar.*

detalhes foram feitos na costa. Enquanto a canoa secava na praia, costurei os sacos que continham os mantimentos. Estavam cheios de arroz, milho, mandioca e cimento. Então, numa noite calma icei a minha vela e me fiz ao mar. Tsimivalo continuava navegando sem a vela mágica, carregando mercadorias e distribuindo em todas as vilas da costa. Todo o mundo estava em Sarondrano para a festa de despedida.

Uma ONG e um artista organizaram uma corrida de canoa de Onilahy a Salary. Nós ganhamos uma vela branca com desenho de um homem simpático que o artista havia feito. Ele chamou-o Gouzou. Disse-nos que custava muito caro. Que valia milhões. Não acreditamos. Valia mais que mil velas. Impossível.

Queríamos dar volta a costa com ela. Pelo menos até Morondava, onde podíamos gastar o valor do prémio. Queríamos dizer a todo o mundo que Tsimivalo e eu ganhámos a "Gouzou *Vezo* Race". Em Morombe todos os turistas queriam comprá-la. Morombe-Belo, com o meu foguete equipado de uma vela real com a lona pintada com a imagem de um homem simpático, foi avaliada em menos de um dia. Tsimivalo perguntou quanto custava em Morombe-Belo. Logo em seguida foi comprar um motor novo em Morondava com o dinheiro ganho. Por minha vez, eu preparei a minha canoa para a nova estacão. Tinha tudo o que precisava.

Um barco a vela completo e todo o material necessário, latas, sal, arroz e café. Linha para pesca e um novo arpão. Foi tudo inesperado, as nadadeiras e mesmo uma máscara nova. O comprador comprou tudo em troca de uma carapaça de uma tartaruga adulta. Ninguém em Belo aceitava caçar para ele, estavam todos

entediados. Escondi meu novo equipamento no bosque, não muit
profundo, um pouco mais ao norte onde eu sabia que eles pastavam
lá. Perto do planalto de corais antes da descida. O mais difícil er
transportar discretamente a carapaça no carro. E no restaurant
onde vendi a carne, disse-lhes que o animal havia se encurralad
na minha rede. "Uma tartaruga deste tamanho?" O patrão ficou
intrigado. Levantei a cabeça. Os ladrões não são mais linchado
nas ilhas-do-mar. Pus me de lá para fora na mesma noite. Fugi n
companhia do vento.

Na manhã seguinte, já estava com Morondava e Tsimilavo
Ele tinha comprado um motor, mas muito grande para a su
canoa. Devia contrair mais uma divida para comprar um barc
maior que estivesse à altura daquele motor. Talvez um barco me
nor, mas mais rápido. Ele chegou a ter oportunidades claras par
prosperar. Oportunidade para vender pepinos das ilhas distante
para os chineses. O negócio me interessava, era só navegar e pesca
com a minha canoa. Deixei tudo nas suas mãos. Nos encontramo
sempre no mar. Tinha pressa em encontrar-me com os meus pais
minha família, enfim todos os meus amigos ou então, a quem vo
exibir o meu estatuto conquistado através da vela mágica. Troux
capulana para a Tsiomeko e a minha mãe, um novo arpão para
meu pai. Minha irmãzinha havia saído brincar com os meus velho
equipamentos. Mais tarde ela viria a mudar a borracha do arpão

Era o princípio da época, já não me fazia as ilhas-do-mar h
três anos. Levanto-me cedo, e iço a minha vela. Eu e Tsiomek
nos havíamos mudado, trabalhávamos sempre na nossa canoa. J
tínhamos duas, mas apenas usávamos uma, porque nos bastava.

Naquele ano eu e Tsiomeko queríamos chegar mais ao norte. Não pensávamos em ter uma pesca maior, mas pelo menos não pretendíamos partilhar o pouco com o meu pai. "O norte tem peixe a fartura" dizia o meu pai, meu pai gostava da tranquilidade. Também ouvi falar que Tsimivalo navegava para lá. Cruzamo-nos no princípio do mês em Maintirano. Eu vinha da troca de peixe e polvo seco por milho, mandioca e mangas com os agricultores. Eu ia calafetar a minha canoa antes da viagem. Ele passeava pelo porto, ofereciam-lhe bebida e tratavam-no por rei dos pepinos.

Por pouco não reconhecia este navegador inclinado. Ele levantou-se e cumprimentou-me me dando a mão. Confesso, que esperava encontrá-lo sentado num barco, pelo menos uma canoa, e la estava ele, sentado na sombra de uma canoa que nem era sua, uma canoa emprestada que mal se segurava com um fio de pesca. Uma canoa onde ele passa mais tempo tirando água que navegando. Ele estava no fundo do poço. Perdeu tudo numa das ilhas-do-mar, roubaram-lhe o motor e toda a sua engrenagem, coletes de mergulho, nadadeiras, arpões, ganchos e redes. Os soldados *vazaha*[4] chegaram ao ponto de afundar o seu barco. Havíamos combinado encontrarmo-nos no princípio da nova época antes da construção do seu novo barco em Belo, ele devia meter uma canoa nova e seguir com os outros pescadores. "Aos remos povo do mar!" *Vezo Velondriake*! Nós o desprezávamos.

O rei dos pepinos. Isso o deixava louco: " Antigamente eu

4 *Vazaha, minoria étnica malgaxe constituída por descendentes europeus, na sua maioria franceses. Eles constituem o grupo étnico não-malgaxe mais importante da ilha.*

pagava bebida a todo o Maintirano!" Ele preferia lembrar-me apenas o período em que ele recrutava pessoas para a corrida que chamávamos *Nahoda*. Ele gostaria de limpar a sua imagem. Ele pediu-me que lhe levasse. Que fossemos nós os dois, com a minha canoa, ele conhecia uma esquina cheia de pepinos, em apenas uma viagem ele compraria uma canoa. " Ele me disse: Tens razão. Uma canoa é a liberdade!"

- Uma viagem? Perguntei-lhe,

- São dois dias, o tempo de encher a canoa, quatro, cinco dias ao máximo e já está. Os chineses compram o quilo por cem mil.

- Eu lhe disse, e foi assim que os *Vazaha* levaram o teu motor e afundaram o teu barco.

Ele baixou a cabeça e começou a resmungar dizendo: "Não são os espíritos, nem sempre eles estão la." E gritou mais alto dizendo: "O que queres que eu faça? Voltar a canoa do meu avô? Eles não têm nenhum direito lá. O mar é livre. Estas ilhas-do-mar sempre foram os nossos campos de pesca." Meu sangue fervia como o seu. Claro que eu queria ajudá-lo. Tsiomeko concordou de imediato

Mais tarde, quando todos estavam sentados juntos a fogueira eu perguntei. - Mas, porquê é que eles fazem isso?

Tsimivalo respondeu. – Eles dizem que aqui é França.

- Aqui é muito distante do norte, são três dias de viagem de canoa. Este país chama-se *Vazaha*.

- A pequena gabou-se dizendo, eu posso chegar lá a canoa em um mês.

- Tu não podes conseguir lá chegar em uma canoa num mês. São necessárias provisões.

- Farei pausas nas ilhas-do-mar!

Todo o mundo ainda se ria, quando o velho do clã Sara que vivia connosco no acampamento da ilha-do-mar também se insurgiu dizendo: "Em Bevoanio, eles haviam construído uma fábrica de processamento de copra. Nem ousaram em perguntar quem plantara os coqueiros que eles mesmo exploravam". Meu pai dizia que em certas épocas de migrações, quando eles iam mais ao norte, caçavam tartarugas próximo a Bevoro, tirávamos água na ilha-do-mar. Eles nunca haviam encontrado nenhum estrangeiro por lá, muito menos soldados. Os *Vazaha* por algum momento exploraram o guano. Eles queriam empregá-los. Mas o meu pai lhes disse que nós éramos *Vezo Velondriake*, que vivíamos apenas do mar. Cansava-nos de tanto atravessar as ilhas-do-mar. Um *Vezo* sempre vai onde a sua canoa lhe levar. E fica sobre as dunas ao vento, até que as águas o atinjam.

La, eles deixaram-me um garrafão de água. Roubaram-me a vela, todas as capturas e provisões. Eles levaram-me também todo o meu material: rede, arpão, nadadeiras e máscara menos minha canoa. E este vento contrário, que me puxa, me levando mais longe. "As canoas, povo do mar!" *Vezo Velondriake*! Navego. Canto. Navego cantando. Paro de cantar para guardar o fôlego. Devo guardar as minhas energias. Tento me acalmar e encontrar tranquilidade e harmonia. Dirijo a canoa com os braços, ombros, pescoço e cabeça. A ponta da canoa alcança o horizonte. Uma linha no horizonte. Seria sua vela a mandioca bicolor? Ou Tsiomeko com o pai? O abanar da asa de um pássaro. A maré se acalma ou é uma tempestade que se forma? As nuvens se acumulam. A luz desaparece como se de um eclipse se tratasse. Um silêncio repentino paira no ar. O mar se levanta.

" Nem a canoa nem o barco, nada se ouvia. O grande pássaro sobrevoava o mar aos círculos. O pássaro rodava mas não se elevava. Planava sobre uma corrente ausente. A pequena analisava e se agitava gritando. Num voo pesado sobre a canoa. A canoa estava silenciosa, o equipamento em risco.

- Escondido! Por um segundo.

- Desçam todos sobre a ponte! Disse o patrão.

Se este enorme pássaro pousasse nas velas a canoa afundava. A maré se agitava. O pássaro continuava girando. Aos círculos com descidas reduzidas. De repente faz uma descida brusca deixa a pequena e retoma o seu voo.

Os marinheiros seguiam o patrão deixando os remos lentamente.

- Quem é *Nahoda*?

- De que és feita tu, pequena?

- Do que sou feita? Como saberia eu *Nahoda*? Eu sou uma menina *Vezo Velondriake*. O grande pássaro levou-me. Meus pais esperam por mim lá no acampamento da ilha-do-mar.

Hoje a tarde na ilha-do-mar há uma festa de boas vindas a pequena. Primeiro o toque do dedo da mão. "És mesmo tu pequena, voltaste para nós?" A sua mãe não espera mais pelo sikidy[5] do curandeiro e na efusão dos sorrisos, dos cantos e das danças abraça-a em seus braços.

Será que há uma festa de boas vindas para mim? Será que a Tsiomeko também me tocará na ponta dos dedos, dos cabelos, da pele do rosto? Ela me segurará a mão para que eu possa acarinhá-la a barriga. "Aos remos, povo do mar!" *Vezo Velondriake*!

Havia uma formação de nuvens diferentes, numa imensidão uniforme, no cabo. A corrente parece ter desviado a canoa, embora as adversidades a canoa avançava, essa é a sua principal função. As ondas nunca são as mesmas. Cada movimento por mais fraco que seja faz com que a canoa avance. A luz também mudou. Ela agora ilumina no meio da água. Uma ilha-do-mar? *Nosin-dramo?*

Vezo! Vezo Velondriake!

IN LETTRES DE LÉMURIE, N° 3, 2020

---

5 *Sikidy, sistema de adivinhação malgaxe.*

GUGU NDLOVU

CARTAZES RASGADOS

Tradução de Rogério Lombole

Em 1984, eu ainda não tinha idade para votar, porém isso não me impediu de cumprir com meu dever patriótico :om a precisão de uma navalha. As madrugadas eram melhores nomentos para nossos ataques. A minha pequena, mas feroz tropa le guerrilha marcharia pelo campo Sanki lucerna, o orvalho a humedecer as nossas botas enquanto nos aproximávamos dos nossos ılvos desavisados. Enquanto nos aproximávamos, esperamos e nos ıgachamos para não sermos descobertos pelas sentinelas. Aguarlando pelo momento certo para atacar. Só de ver 'PAMBERI NE ZANU PF' estampados em seus cartazes ensanguentados, fomos omados pela raiva amarga. Ela subiu como bílis nas nossas gargantas explodindo como gritos de guerra ensurdecedores, o que lespertou- nos e entramos em acção, e corremos pelo campo, gritando com as armas levantadas para enfrentar o inimigo.

Nós ferimos, apunhalámos e cortámos os seus corpos, violámos eus princípios, procurando defeitos em sua política. Cada golpe matando-os e seus ministros gordos e gananciosos. Examinámos a cena com arrogância.

Relatório de Danos: para mim e meus camaradas, alguns arranhões, uma farpa, joelhos esfolados, uma fita desfeita e algumas manchas de relva em nosso uniforme: a mãe não vai gostar. O inimigo era outro assunto - eles ficaram indiferentes, confetti aos nossos pés.

A traição é punível com a morte. Deve-se esconder a evidência Arrastar as carcaças, enfiá-las nos formigueiros. Um lugar onde qualquer coisa, desde bebês abortados até calcinhas enfeitiçadas.. desapareciam para sempre. Inteiramente engolidos pela terra.

Esta foi a nossa contribuição para as eleições, que é o nosso dever para com o nosso país. Por mais trivial que possa ter sido, nos encheu de uma sensação irónica de orgulho. Como os camaradas que vimos na televisão, levantamos nossos punhos e gritamos, ' Amandla awethu!' para as câmaras. Por enquanto a nossa missão estava longe de estar completa. A escola fica a mais de dois quilômetros de distância, as nossas mãos manchadas com a desesperança dos cartazes mutilados, nossos olhos descascado por muito carreguem mensagem negativa.

***

Notícias de realidades muito distintas gotejaram em nossas conversas do dia-a-dia. Nas aldeias de Matabeleland: propriedades completamente abandonadas, panelas ainda no fogo; cabanas incendiadas com famílias dormindo; valas comuns em mina abandonadas; mães despojadas e nuas e forçadas a verem cortados pescoços dos seus filhos; mulheres velhas espancadas, estupradas e mortas pelos seus cobertores. Pelo que nos foi dito, um grupo instável de homens do exército Ndebele, a quem o governo chamou 'Dissidentes' saqueavam vilas e matavam seus ocupantes.

' É ele, - dizia nosso pai calmamente, acendendo um cigarro. - Ele está a matar-nos. '

A encher os copos dele e do tio Dan com muito whisky, pudemos sentir a tensão nos seus corpos e vozes. Tio Dan estava a planejar partir para o Reino Unido. Aparentemente, não eram dissidentes, mas soldados contratados por Ele para se disfarçarem de dissidentes e matar pessoas de Matabeleland. (Muitos anos depois, descobrimos que o exército, consistindo em aproximadamente 20.000 soldados, tinha recebido ordens para pelo menos matar 100 Matabeles, cada. O número exacto de quantos foram mortos ainda é desconhecido).

'É aí que eles começam as aldeias, estou dizendo a você Georgie, depois ele está vindo para nós,' tio Dan diria isso depois de alguns copos.

Não posso fugir para lugar nenhum, Dan. Como você pode fugir de casa? Do que é seu? - Pai diria, abrindo as mãos.

Você prefere que ele lhe mate? - Tio Dan perguntava, preocupado com a teimosia do meu pai.

Agh jovem, ele não me vai matar - talvez me prenda, sim. Digamos, tomando um gole, então ele se voltaria para o tio Dan para dizer o que ele sempre fez. Dan, você não é um político, nem soldado, você é empresário, sabe ganhar dinheiro. Então vá para a Inglaterra e ganhe dinheiro. Eu sou um político, isso é um jogo de xadrez. Eu observo os seus movimentos... Ele está tentando nos deixar com raiva às custas do nosso povo, e ele está fazendo um trabalho muito bom nisso; mas enquanto eu estiver vivo, ele não terá seu xeque-mate; talvez ele consiga pedaços, sim, mas nunca um xeque-mate. - Tio Dan partiu para Inglaterra. Nosso pai ficou e continuou seu jogo.

As fogueiras de soldados disfarçados continuaram iluminando as noites escuras de Matebele enquanto queimavam aldeias. Os gritos de mulheres e meninas também encheram o ar noturno enquanto seus corpos eram violados. As pessoas estavam com corações partidos pelas perdas. Essa dor rapidamente se transformou numa escuridão amarga, como todos nós tentamos entender isso. Quando crianças, nós herdamos aquela amargura como uma predisposição. Só depois que eles vieram e levaram nossos pais se tornou verdadeiramente nosso.

***

No meu sonho, um grande camião estava tentando atropelar-me. Não havia ninguém no banco do motorista. Eu corria, mas não conseguia correr rápido o suficiente. Mãe estava parada numa colina chamando pelo meu nome. A voz dela estava ficando cada vez mais perto, e então eu caí. Mãe chamou meu nome novamente. Eu abri meus olhos para seu rosto preocupado.

Tens de te levantar, querida - disse ela suavemente. É muito cedo, eu resmunguei sonolenta.

Eu sei, mas temos de nos levantar... pega os sapatos e vem, disse ela, enquanto ela se movia em direcção às camas das minhas irmãs e dos meus primos.

Eles vieram de manhã. Antes de o sol nascer. Havia muitos de nós morando em casa, na altura, sete de nós filhos, um tio e nossos pais.

Meu irmão de cinco anos de idade, que estava acordado há pelo menos meia hora, veio a correr para sala. Ele estava segurando sua nave Lego, que ele havia feito na noite anterior.

Há camiões enormes lá fora, rapazes, - ele ofegou com entusiasmo. ' E eles têm soldados de verdade neles, com armas' , acrescentou ele, obviamente ainda intoxicado depois de ver uma dúzia ou muitas AK47s. Meu coração afundou até ao fundo do rio Zambeze - eles finalmente vieram buscar o pai.

Um galo cantou...

'O pai está aqui?' Eu queria saber urgentemente.

' Sim, ele está lá fora conversando com eles' , disse a mãe calmamente. 'O que eles querem?'

' Eles querem saber se temos alguma arma, então temos de ir e sentar do lado de fora enquanto eles vasculham a casa' , disse minha mãe, enquanto virava-se para acordar outro pequeno corpo adormecido. Escancarei a porta da frente entreaberta para dar uma olhada no que estava acontecendo lá fora. Parecia um episódio do A-team, uma série de televisão de acção que costumávamos assistir: duas dúzias ou mais de soldados armados, espalhados entre meia dúzia de camiões de exército de diferentes formas, tamanhos e finalidades sobrecarregavam nosso jardim da frente, aprisionando canteiros de flores e pequenas árvores, cavando marcas de grandes patins enlameados na relva. Debaixo de um pessegueiro quebrado, num canto distante do jardim, o triciclo de Buto era uma bagunça destroçada de metal. Saí porta fora, com raiva e pronto para lutar.. Eu tinha apenas doze anos, o que eu sabia, mas eu tinha atitude.

Sentamos lá fora na varanda quando o sol nasceu, enquanto eles pilhavam a nossa casa usando nossos pais como guias. Os cães foram latindo a noite toda. Agora, eles se sentaram ao nosso redor ofegando, lambendo, cheirando e rosnando. Olhos arrogantes e injetados de sangue olharam desinibidos para os meus seios brotando. Nós apenas sorrimos educadamente, mesmo timidamente porque estávamos ainda de nossas roupas de dormir, longe dos nossos favoritos, Snoopy e Charlie Brown, que nossa avó canadense tinha enviado no Natal passado; mas mesmo seus rostos alegres e felizes de desenho animado não podiam suavizar o arrogante olhar pelo menos Thandi e Siphiwe estavam escondidass por detrás dos espessos, pijamas de flanela combinado que vestiam.

Alguns embalaram suas AKMs e tentaram ter uma conversa amigável, 'Wot grrede rr u en?' ' Wot es yowa nem?' No seu inglês com sotaque Shona parecia que eles estavam a insultar-nos.

Em seguida, eles voltaram para seus camiões e partiram, levando o pai e o tio com eles. Voltamos à casa, agora vazia pelas perdas e carregada com tristeza. Papéis espalhados, colchões virados, armários vazios, móveis virados - roupas em todos os lugares... chamaram-se lágrimas que de alguma forma não cairiam, mas virariam espinhos que cravariam em nossas gargantas.

Buto

Pai disse que vai-me comprar uma bicicleta nova, porque os soldados passaram por cima da antiga. Mãe diz que eles são maus. Thandi estava de mau humor novamente. Porque o ovo dela era muito mole. Gugu ficou com raiva e atirou na travessa dos cães e a mãe gritou porque isso realmente foi um desperdício. É chato quando ela grita. Actualmente ela está sempre aos gritos. Eu queria que o pai estivesse aqui, pois ela não gritaria. Ela precisa de todos os da National Geographics na casa para que ela possa levá-los com ela. Ela vai ver o Pai. Ele está na prisão (sussurrou). Porém, ele não fez nada de errado. Mãe disse que ele falou algo que os bandidos não gostaram... mas não insultos, como FODA-SE ou MERDA. Mãe diz que não temos permissão para ir vê- lo. Só ela tem permissão para visitar. Isso é o que 'eles' (os bandidos) dizem. Themba e eu jogamos "dissidentes" hoje. Ele é o meu melhor amigo. Desta vez eram formigas vermelhas, nós as matamos, cada uma delas , esmagamos suas cabeças e cortamos suas pernas. Eles levaram o pai de Themba também.

Mãe

Depois de cartas e reuniões intermináveis sobre o abuso de direitos humano, finalmente conseguimos que as crianças vissem George. Só que eu não poderia levar todas elas. É apenas um pequeno passo, mas já estou exausta, e ainda temos que tirá-lo de lá.

Apanhamos comboio noturno. As três meninas partilharam a parte de cima de beliche, que saíam de uma parede de painéis de madeira. Buto e eu tínhamos as camas de baixo, que serviam como assentos quando não estávamos dormindo.

Honestamente! Você pode acreditar que seis anos depois, as folhas e cobertores ainda têm FNR (Ferrovias Nacionais da Rodésia) impressa neles? É como se este governo de abutres, presidindo a corte em suas veste vitorianas (com as perucas brancas), são nostálgicos da era colonial, só que desta vez, eles estão no banco do motorista infligindo a dor.

Ficamos maravilhados com os acessórios sofisticados do compartimento - uma pia que também poderia ser uma mesa lateral, cinzeiro escondidos em um braço da cadeira, fazendo leitura das luzes notada nas paredes uma vez retiradas as camas. Embora, geralmente nã funcionem, e provavelmente não tinha desde a Independência, ma ainda parecessem funcional para um visitante inocente - um irônic e glorificado lembrete de nosso passado colonial.

Como um novo país de apenas seis anos, a maioria das coisas da er colonial atingiu um estágio de disfunção mecânica, mas ainda foran deixadas no local. Seus símbolos vazios desordenados e principalment criou confusão em nossas vidas.

Thandi

Estamos a ir visitar o pai. Ele está em Chikurubi na Prisão d Máxima Segurança. É uma prisão. Mãe disse que ele esteve lá por trez meses. Isso é muito tempo. Pois eu estou na 3a classe agora, e Gug teve que me dar seu antigo fato de treino que não lhe serve. Siphiw e Thembi não podiam vir porque eles não são pais das crianças, ele tiveram que ficar em casa. Gugu disse que colocaram o pai na prisã por constipar contra o governo. Mas eu acho que ela está mentindo, el não sabe do que está falando. Ela não me deixou trazer meu Dada (iss é meu melhor cobertor) no comboio. E eu sempre levo comigo, mesm quando vamos ver Gogo. Ela disse que eu sou uma menina crescid agora e eu não preciso disso. Porem, eu não me acho tão grande. Talvez um pouquinho, uma vez que, eu ajudei a fazer o bolo para o pai. Espero que ele goste. Coloquei a cobertura, é chocolate, seu favorito.

Mãe

Puta de merda! Eles estão alinhados ao longo de toda a pista de Bulawayo para Harare? Quem pode dormir com o som eterno de grilos cantando?

A escuridão sólida passa rapidamente. Quebrado apenas periodicamente em fragmentos de lareiras e cheiros de animais. De dia são pastagens planas abertas, pontilhadas de vez em quando com aglomerados de cabanas de barro. Terreno ideal para pastagem de gado. Bastante evidente, como o cheiro de esterco entra pela janela quando passamos um tapume. George teria gostado daquele cheiro. Ter-lhe-ia feito voltar à sua infância, de pastor de gado.

Me incomoda que é só nestes últimos anos, que ele começou a compartilhar sua infância comigo. Acho que ele estava com vergonha. Sinto que com o tempo será seu orgulho.

***

O comboio moveu-se lentamente para a agitação na hora da ponta de Harare. Fornecedores, comercializando tudo, desde jornais, ovos cozidos, livros de segunda mão e relógios roubados, movidos conscientemente pelo congestionamento emaranhado de tráfego lento. Dinheiro trocado por mercadorias através de janelas abertas. As bicicletas entram e saem da confusão. Como necrófagos, os vendedores aglomeravam se no comboio enquanto ele avançava para a estação.

Marion estava perto de um grupo de mulheres vestidas d
branco, que cantou um hino de boas- vindas a um de nosso
companheiros de viagem. Vivendo em Matabeleland, eu nun
ca tinha ouvido Shona soar tão bonito. As palmas e lamentaçã
da sua canção flutuava através das janelas do comboio, dand
as boas-vindas a todos nós. Jornal do povo na plataforma dizi
GOV ANIQUILA DISSIDENTES MATABELE. Deu para senti
os espinhos subindo dentro do meu peito. Eu estava com med
quando pisamos na plataforma. Tínhamos chegado ao territóri
do inimigo: Mashonaland.

' Wow, vocês cresceram!' Comentou Marion, roçando o top
da cabeça do meu irmão.

' Olha, eu construí um demolidor de munição' , disse ele
empurrando seu mais recente engenhoca Lego em seu rosto. ' É
para matar os dissidentes,' disse ele em voz alta o suficiente par
atrair atenção de vários transeuntes. Ele estremeceu como Eu
cutuquei nas costelas.

' Ai!... Mãe, Mãe,' mas ela fingiu não ouvir enquanto flutuo
mais fundo numa conversa com Marion.

Eu gostava de Marion Douglas. Ela era alta como eu. Me sent
confortável ao lado de alguém da minha altura. Aos doze eu j
calçava sapato de tamanho oito. Meu corpo em rápido cresciment
parecia estranho e desproporcional, especialmente meus pés, qu
pareciam os de um palhaço. Alguém me disse que o tamanho d
meus pés está relacionado à minha altura. Talvez... eu esperava
talvez meus pés fossem menores que os dela.

‘ Vocês vão gostar do meu carro, especialmente você, Buto, - disse ela enquanto todos nós subíamos. Marion dirigia um Citroen. Pôs o hidráulico a funcionar.

Tinhas que esperar até que o carro levantasse antes de poder conduzi-lo. O barulho do motor do carro vibrava em nossos corpos enquanto esperávamos silenciosamente que ele subisse. Como os artefactos coloniais, isso nos empolgou.

‘ Silencioso, como uma nave espacial, - disse meu irmão em voz alta.

Minha irmã silenciosamente chupou o dedo. Ela estava mal-humorada porque eu não a deixava trazer sua Dada. Ela está muito velha para isso as sete. Está realmente, tornando-se um pouco embaraçoso.

Cheirávamos a comboio e precisávamos tomar banho, mas mãe não queria perder tempo. Marion nos levou directo para Chikurubi. Nossos rostos sonolentos traíram nossos corações assustados e acelerados. Não víamos o pai há mais de um ano. A ideia de vê-lo nos assustou. Nós tínhamos ouvido que ele não estava bem. O que isso significa? Ele conseguia andar? Ele come?

***

Um enorme muro de concreto cinza cercava a prisão. Não esperávamos as sebes aparadas e relva bem cuidado de uma mansão inglesa enquanto passávamos pelos portões em direcção aos prédios. Prisioneiros mais velhos em uniformes cáqui castanhos e sapatilhas brancas brilhantes, silenciosamente retiravam, aparavam e regavam o grande jardim da mansão. Estranhamente, quase em harmonia, eles pararam momentaneamente para assistir enquanto dirigíamos pela estrada para os edifícios da prisão. Olhamos para trás, procurando seriamente por ele entre eles. Ele não estava.

No escritório, disseram a Marion que ela não tinha permissão para entrar. ' Ela não é um membro da família' , disseram eles com arrogância. Ela teve que esperar no carro.

Caminhamos, assustados e animados, nossos braços transbordando presentes de livros, revistas, bolos, iogurtes, boletins escolares, cigarros e lençóis.

Na sala éramos nós contra eles. Doze ou mais policiais e nós quatro.

Seus sorrisos não eram gentis, mas divertidos.

'Poot yowa things heeya,' latiu um, apontando uma mesa com um bastão. Enquanto eles examinavam cuidadosamente nossos bens, eles falaram entre si em Shona. No meio de sua conversa em voz alta, ouvimos os nossos nomes e do pai mencionados.

Eles esvaziaram pacotes, abriram cartas, folhearam livros e recipientes de iogurte abertos. Minha irmã gritou dolorosamente enquanto seu lindo bolo gelado era mutilado com um canivete. 'Fins de segurança' , disse ele rigidamente, empurrando-o para o lado das mercadorias inspecionadas. Thorns ameaçou. Eu segurei a mão dela com força.

Passamos por detectores de metal e fomos revistados, então conduzido para a 'sala de recepção'. Era uma sala vazia, nada além de um banco e um piso vermelho altamente polido.

Esperamos, inquietos e mudando.

***

Vamos ver o pai agora? Vamos ver o pai agora?

Quando vamos ver o pai? Ele ainda está a vir? Estamos no lugar certo? Quando vamos vê-lo?

***

Thandi

Buto brincava com seu carro de brinquedo no chão. Quando ele levantou os joelhos de suas calças estavam vermelhos da cera do chão. Eu disse a mãe, mas ela me ignorou. Ela estava calada e com raiva. Eu já estava triste porque o polícia cortou meu bolo para o pai. Ele disse que era para fins de segurança. Eu não sei o que isso significa, mas chorei. Gugu queria chorar, mas acho que é por isso que ela está com raiva.

Estamos á espera que eles tragam o pai. Estivemos muito tempo á espera.

***

Ouvimos passos e chaves tilintando. A porta se abriu, um polícia levou-o para dentro. Por um momento nossos olhos nos enganaram, não reconhecemo-lo imediatamente. Apareceu um homem mais velho encolhido com cabelo branco e castanho com uniforme caqui da prisão. Sua pele assumiu uma aparência doentia, de matiz acinzentada. Ele tinha perdido muito peso e o uniforme estava pendurado nele.

Ele olhou para nós e sorriu, nós o reconhecemos através de seus olhos, que brilhavam como sempre. Nós engasgamos, 'pai!' 'E correremos para ele.

'Como estão meus selvagens? ' Ele riu, abrindo os braços para receber-nos. 'Selvagens' era seu apelido carinhoso para nós. Depois de abraços e beijos chorosos sentamo-nos, brevemente embriagados de felicidade, enquanto ele abraçava-nos e beijou a mãe.

Falamos sobre um silêncio doloroso, esperando que nossas histórias sobre a escola e vários membros da família o quebrasse. O silêncio era notável. Logo não podíamos nos ouvir, então levantamos nossas vozes para ensurdecê-lo, mas não adiantou. Só o silêncio podia ser ouvido, trazendo espinhos que cortam nossas gargantas. Tornou-se tão doloroso que não falamos mais, nos rendemos ao cálido alívio das lágrimas. Nós chorámos por nosso pai e pela sua ausência. Nós chorávamos por todos os pais que eles haviam capturado.

' Não deixes que eles te vejam chorar' disse pai enxugando as lágrimas. Uma asa tinha caído do demolidor de munição de Buto; ele sentou no chão inconsciente de espinhos e lágrimas caindo, tentando consertá-lo enquanto ele preparou-o para a "guerra". Enxugamos nossas lágrimas, enquanto os espinhos ainda arranhavam.

' Se eles te virem chorar, vão pensar que te conquistaram.

Pensei nos cartazes rasgados enterrados debaixo da terra no ventre das formigas. Meu dever patriótico não era chorar, mas sim esmagar as formigas que haviam digerido aquelas palavras tóxicas. Decidi, ecoando as palavras de meu pai, que não haveria xeque-mate algum enquanto eu estivesse viva.

NOVIOLET BULAWAYO

SHAMISOS

Tradução de Vasco Lino

"Essas trepadeiras brancas? Elas devem ser eliminadas. Eu quero elas fora daqui."

Method bate com a sua enxada e observa as mãos dela gesticulado na direcção da trepadeira em flor. Tem o rosto flamejante. Method engoliu a sua pergunta e surpresa, as palavras submergiram na sua garganta.

O jasmim está em plena florescência, a aroma faz lembrar de Shamiso, a moça da turma 3C1 na Escola Secundária de Njube. Method escreveu cartas de amor para ela, enfiou-as no saco plástico do TM Hyper, tomando cuidado para não assinar o nome porque achava que ela nunca olharia para um feio como ele. Ele chama essa adorável trepadeira de Shamiso porque traz de volta memórias.

"Colocaremos rosas vermelhas no lugar delas," sorri a patroa. Method força um sorriso rem resposta.

"Vai ser perfeito, vais ver", a num tom repentinamente persuasivo.

Method concorda, embora tenha certeza de que as rosas não podem ser comparadas à beleza do jasmim em plena florescência. Shamisos.

"Mas, essas também são lindas, senhora." Method fala calmamente quando se dirige a ela, porque sabe a importância de parecer respeitoso.

"Tem certeza de que quer elas fora daqui, senhora?"

Ela acena vigorosamente com a cabeça, colocando um dedo sobre os lábios quando o seu celular toca. Quando ela fala com o Method, ela usa um inglês simples, como se estivesse a falar com uma criança pequena, pronunciando cada palavra lenta e cuidadosamente como se estivesse a contar dinheiro. Com outras pessoas ela parece normal, e Method imagina a língua dela abandalhar-se ao redor de sua boca, desviando dos dentes, com velocidade e precisão.

Agora ela fala inglês misturado com francês, que o Method estudou durante três anos antes de a universidade ser forçada a fechar. *Agora mesmo. Sim, sim. Claro que não, eu não estou a fazer isso sozinha, estás louca? Eu despedi o nigeriano, são uns ladrões. Quero dizer, as coisas simplesmente desapareciam. Sim, sim. E eu livrei-me dos malawianos, são preguiçosos, devias ter visto o jardim. Não. Nunca vou empregar nenhum sul-africano, Jesus! Eles acham que só porque este é país deles têm direito a tudo. Sim, sim. Não, em casa tenho um moçambicano. Um homem velho. Sim, sim.*

Ele tem um mau feitio, mas sabe cozinhar! Em seguida, ela muda para o francês: *Agora tenho um novo jardineiro, um zimbabwiano.*

Tu também? Bem, eles estão por toda a parte, como baratas. Sim sim. Até agora tudo bem. Parece infeliz, porém não tenho certeza de qual é sua história. Vou ter que ensiná-lo a sorrir! Dá para imaginar? Mas ele é trabalhador. E devias ver a cabeça dele, é como a porra de um martelo.

Method inquieta-se, desejando que ele não entendesse essa língua que ela está a usar para fofocar sobre ele como se fosse invisível. Ele se pergunta, será que a mãe dela não ensinou que não se fala sobre as pessoas na presença delas.

A mulher ergue os olhos do telefone, encontra seu olhar e abre um sorriso para ele. Method a contempla com frieza. Ela enxota-o e aponta vigorosamente para as trepadeiras. Ele pega na enxada e sente que ela o observa. Ele adoraria ficar de joelhos e tocar os Shamisos uma última vez, mas com os olhos dela nas suas costas, ele empunha a sua enxada.

Um único golpe e o primeiro Shamiso cai no chão. Ele não tem tempo de pegá-lo para examinar o dano porque ela está algures atrás dele e então ele dá golpe atrás de golpe. Ele não quer que ela o considere preguiçoso. Em pouco tempo tem um tapete de flores morrendo em torno de seus pés, a sua fragrância de repente espessa o ar. Method olha para a casa principal e vê o moçambicano olhá-lo fixamente pela janela da cozinha.

Ele não sabe o nome do homem e não consegue ver-lhe o rosto por causa da distância entre os dois, mas pode dizer pela maneira como está inclinado para a frete que está confuso. Method desvia o olhar. Ele mal conhece o moçambicano porque trabalha dentro de casa como uma mulher. De vez em quando Method vai ajudá-lo tirando o lixo, pendurando roupas no estendal, buscando o correio.

Uma vez, quando o moçambicano estava estender a roupa, ele parou para falar com Method: "Lá em casa são a minha esposa e filhos que fazem essas coisas para mim, sabias?" Method abanou a cabeça porque parecia que a pergunta era puramente retórica.

"Sim, não sabes o que isso significa para mim para um trabalho como esse, na minha idade," continuou o moçambicano, e Method acenou com a cabeça numa demonstração de simpatia.

Mesmo assim, ele não conseguia deixar de pensar que o velho estava sendo irracional; certamente não poderia ser tão mau em trabalhar numa casa tão bonita: os exuberantes tapetes creme, a TV grande, os sofás fundos, os todos aqueles electrodomésticos. Era a casa dos sonhos de Method – isto é, quando ele fizer sucesso na África do Sul. Aí a sua mãe iria morar com ele, acordaria quando quisesse, o prazer de se sentar na frente da TV com as pernas esticadas na frente dela, sorrindo seu sorriso de dentes castanhos e dizendo: "Meu filho, estou orgulhosa de ti".

***

"Ei, tu, zimbabwiano! O que pensas que estás a fazer?

Method eleva o olhar ao ouvir a voz metálica e se vê olhando para uma faca de cozinha ensanguentada. O moçambicano empunha a faca na cara dele.

"Estás louco? Não vês que estás a matar as flores?"

"Eu não estou a matá-las." Respondeu Method defensivo.

"O que é isso então, ar?" O moçambicano apanhou algumas

flores murchas e atirou-as contra Method.

"A senhora não as quer mais."

"Ela não quer as flores?" O rosto do moçambicano torce em confusão.

"Não. Quero dizer, sim. Ela quer plantar rosas, rosas vermelhas no lugar delas."

Method fica aliviado por não vê-la em lugar nenhum; ele gostaria que ela os ouvisse falando sobre ela.

"Mas elas são lindas." A voz do homem está gasta. Method olha para seu avental branco, limpo, tirando uma única mancha vermelha, e depois para o cutelo, e se pergunta de que animal veio a carne.

O moçambicano se prostra e embala uma pequena flor em ambas as mãos. Method percebe que faltam dois dedos na sua mão esquerda e olha para baixo, encalistrado ao ver um velho lamentando a perda de uma flor. Ele fica sossegado quando o homem finalmente se levanta e se vira para ir embora, levando a flor com ele. Method rezinga um pedido de desculpas, embora não saiba exactamente para quê. Então ele percebe que falou na sua língua materna e assume que o moçambicano não o teria entendido.

Depois que o homem mais velho desaparece na casa, o Method volta a atacar. Ele está estranhamente chateado e não consegue explicar porquê? Ele ergue os olhos e vê a mulher sair de casa e se sentar a cadeira do jardim, em baixo da goiabeira. Ela ainda está o telefone. Ele pensa no que ela disse sobre ele, sem saber que ele conseguia entendê-la. Se ele estivesse em casa, teria agarrado no telefone dela e batido nela, com as costas da mão. Mas ele não está em casa e, além disso, ela não é uma mulher normal.

A princípio, Method pensou que fossem irmãs, as duas mulheres que compartilhavam a casa, mas um dia, cortando a densa folhagem atrás da janela do quarto, ele viu-as sentadas na cama. Eles estavam a discutir, e foi depois que a zanga acabou que ele viu, pela postura de seus corpos, pelo jeito que aquela com nome de homem, que nunca usava vestidos, pelo jeito que ela olhava para senhora, que aquilo não era irmandade.

Method ficara pasmo, depois chateado, lembrando como tal coisa não tinha nem nome no país dele, como todos lá atrás sabiam que essas pessoas não eram pessoas, eram piores que porcos e cães. Se estivesse em casa, teria entrado pela janela e espancando-as até perderem os sentidos, principalmente aquela outra que usava roupas de homem. Ele teria dado o alarme e as pessoas ficariam felizes em arrastá-las para fora e espancá-las até que não pudessem gritar.

E se ele tivesse escolha, Method simplesmente teria cuspido em seus rostos e deixado o emprego, mas sabendo como era difícil encontrar emprego, ele ficou. Enquanto isso, as cartas da sua mãe nunca paravam de chegar. *Prezado Method, isto é para lhe dizer que estamos morrendo de fome. Meu filho Method, você se esqueceu de nós?* Ele não tinha escolha a não ser ficar e trabalhar para essas duas mulheres estranhas, mas estava sempre alerta, para ver o que elas poderiam fazer.

Mas elas não fizeram nada e nada aconteceu com ele. Elas o cumprimentaram calorosamente quando ele veio trabalhar lá, pagaram-lhe seu salário de maneira justa e pontual, certificaram-se de que ele recebesse comida da cozinha na hora do almoço e não o sobrecarregaram, como alguns de seus amigos reclamaram dos seus patrões. Apesar do facto de que Senhora ocasionalmente falava com ele como uma criança, ele ficou alarmado com a maneira como o trataram bem. Isso deixou o Method perplexo, como é que aquelas duas, que certamente eram piores do que os animais, o tratavam como se ele contasse. Ele não sabia ao certo quando sua repugnância desapareceu, mas de alguma forma desapareceu, como um peido ao vento.

Method pensa nelas deitadas juntas na cama. Ele se lembra de Mfundisi Gatsheni pregando sobre esses pecadores quando era menino, e como elas iriam arder no inferno.

Agora que está mais velho, Method sabe que não existe inferno, sabe que o inferno está aqui na terra, que o inferno é a estrada terrível que ele percorreu para chegar a este país, que o inferno é o rio Limpopo que ele teve que atravessar com seu amigo D. que não escapou porque não sabia nadar, esse inferno está nos olhos dos seus vizinhos que ultimamente têm mandado todos os estrangeiros saírem dos bairros de lata e voltarem para casa. É assim que Method sabe que essas mulheres estranhas não verão o inferno, não irão arder, então ele se pergunta como seria estar na cama com a Senhora. Seria ela como qualquer outra mulher? Ela já esteve com um homem?

Perdido em pensamentos, ele bate no dedão do pé com a enxada. Gritando de dor, ele atira o instrumento para o chão, segurando o pé com as duas mãos. Ele não se ouve, mas chama pela mãe; de onde ele vem, as pessoas gritam por suas mães quando estão com dor. Mas não é a mãe de Method que vem correndo, mas sim a senhora.

Ela larga o celular e corre até ele; colocando o pé ferido na sua coxa, ela o examina de perto.

Method esquece a dor lancinante no dedo do pé, de repente envergonhado ao ver o pé sujo na saia dela, a pele rugosa, as unhas que ele deixou de cortar, que parecem garras, as rachaduras nos calcanhares. Ele está com tanta vergonha que quer se levantar e fugir, mas ela está segurando seu pé firme e meigamente, tão meigamente que algo dentro dele cede.

Ele não é segurado assim há muito tempo, e ele gosta tanto da sensação que quer dar a ela o outro pé, depois as pernas, depois as coxas, depois o torso, depois todo o corpo para que ela possa segurá-lo, segurar nele. Ele sente a dor no dedão do pé diminuir.

"Não parece mau, mas tens de ter cuidado. Por que não tinhas sapatos?" ela pergunta, mas ele não responde, não sabe o que dizer quando ela segura o pé sujo dele assim.

"Seus pés não são muito grandes, tenho certeza de que você e Joe usam o mesmo tamanho."Ela coloca o pé dele no chão e sai correndo. Ele quer que ela fique, chamá-la de volta, mas em vez disso, ele acaricia o dedo do pé aleijado, que agora está inchado e a sangrar.

Ela reaparece rapidamente, carregando um par de sapatilhas azuis em uma das mãos e um pequeno prato na outra. Por cima do ombro dela, ele consegue ver o moçambicano debruçado na janela da cozinha, com o pescoço esticado. Ela se agacha aos pés de Method e começa a limpar seu dedão com um pouco de algodão; o sangue dele está nos dedos dela. Ela seca o dedo do pé com um pequeno pano e passa uma pomada amarela, depois começa a desenrolar um rolo de adesivo.

"Consegues mexer o dedo do pé?" ela pergunta. Method faz isso. Ela sorri.

"Que bom, tiveste sorte de não ter partido, Xolela", ela diz, e envolve o dedo do pé com um penso rápido. Method ouve o nome pelo qual ela o chama; ela tem dificuldade em fazer o som –X.

Method quer dizer a ela que seu nome é Method; que Xolela não é seu nome verdadeiro, mas ele sabe que não pode fazer isso. Xolela aparece no seu bilhete de identidade sul-africano; a foto é dele, mas o nome não. Foi escolhido pelo bandido alto a quem Method pagou pelo documento. Um jovem despenteado com uma cicatriz acima do olho esquerdo, passando os dedos por seus longos dreadlocks enquanto observava Method com os olhos injetados de sangue.

"Method? Tipo, o quê? Uma maneira de fazer as coisas? *Mara,* que nome é esse?" Method não sabia como responder.

"*Mara,* precisas de um nome de verdade. Aquele que te faz pertencer, entendeu? A partir de agora serás Xolela. Xolela Mabaso!" E, sem mais nem menos, como se pegasse algo descartado na rua, Method adquiriu seu novo nome, que passou a usar para todas as coisas oficiais.

"Pronto, cingi o teu dedo do pé. Agora tenta ver se consegues colocar dentro do sapato, mas tem cuidado", diz ela. Method desliza o pé ferido dentro de uma sapatilha, que se ajusta confortavelmente. Ele não sente nenhuma pressão no dedo do pé. Ele calça a outra sapatilha, e então Senhora está de joelhos, amarrando os atacadores dele. A grande fenda entre seus seios pequenos não está longe de seu rosto, então ele desvia o olhar; ele não quer ser pego a fazer nada de errado.

Mas ela está muito ocupada cuidando dele, dizendo a ele sobre a importância de ser cuidadoso, e logo Method começa a sentir como se estivesse falando com ele como uma criança, e ele é dominado por uma sensação repentina de fúria.

"Eu tenho que ir agora," Method anuncia, e se levanta. Ele não abaixa a voz e pega na enxada, não olha para ver se ela se surpreende por ele não agradecer. Tampouco levanta os olhos ao ouvi-la ao telefone novamente, mas sabe, pelo som de sua voz, que ela está falando com a outra, aquela cujos sapatos ele agora está a calçar. Ela está a contar o que aconteceu, o que ela fez por Xolela, as sapatilhas de presente. Method balança a sua enxada com raiva; ele está cego para os Shamisos agora, cego para sua beleza. Ele ouve a risada dela explodir e ele se balança e ataca com o som, ataca como um louco.

***

O sol está se pondo quando Method chega em casa, em Eden Park. Barracas o cercam como mãos envolvendo uma garganta, engolindo cada centímetro de solo visível - chapas e chapas de zinco estendendo-se até onde a vista alcança. Method considera o assentamento tolerável no céu tingido de pôr-do-sol; não há necessidade de desviar os olhos como faz quando está no trabalho; a escuridão crescente esconde as poças de água turva, a sujidade, os exércitos de moscas, a tralha, o lixo, os riachos de água.

Ele abre seu caminho pelas veredas estreitas, passando pelo bairro angolano, o bairro moçambicano, o bairro nigeriano, o bairro malawiano; atravessar o assentamento é cruzar as fronteiras, dentro e fora de diferentes países. Method não cumprimenta as pessoas que encontra. A jornada para a África do Sul, para Eden Park, é difícil, então os moradores dos assentamentos estrangeiros se olham com compreensão emudecida, porque sabem o que foram semanas nas estradas nas bagageiras lotadas de camiões mal ventilados. Rios infestados de crocodilos terríveis são atravessados e animais famintos evitados para se espremer através de cercas de arame farpado enquanto fogem dos agentes de fronteira.

Nas últimas semanas, os moradores disseram aos emigrantes para irem embora, para empacotar seus pertences e voltar para casa. Mesmo assim, os estrangeiros apenas observam os locais com diversão, balançam a cabeça e sorriem. Só quem não suportou o que sofreu poderia abrir a boca e gritar, VOLTA, assim mesmo. Volta, volta para o teu país - como se o sonho deles fosse dispensável, olvidável, como se as cicatrizes em seus corpos e mentes não valessem nada?

Method para do lado de fora da loja de doces somalis cujo nome ele não consegue ler e pensa em entrar. Lá dentro, ele vê a forma curvada do lojista se endireitar e se virar para a porta. Ele não sabe dizer se o velho consegue vê-lo, mas ouve-o começar a cantar. Method não entende as palavras, mas ele sabe instintivamente, pelo tremor na voz do velho, que ele está cantando sobre sua pátria.

Às vezes, o velho desliza o nome de seu país em suas canções ou os nomes de cidades que Method o pode reconhecer: Mogadíscio, Hargeysa, Berbera, Chisimayu, Jamaame. Method está na porta, e a canção do somali enche a sala com sua voz desamparada até que Method sente que não consegue respirar por causa da tristeza que o permeia por meio de uma linguagem que ele não consegue entender. Quando a voz do velho se eleva como fumaça, Method sente a necessidade de fugir e se afasta rapidamente.

Quando ele passa pelo bairro sul-africano, seu corpo fica tenso e seu estômago dá um nó. Ultimamente, esta parte do assentamento parece estar caminhando por uma floresta de deuses irados. Há algo no ar, algo não dito; ele pode sentir isso mesmo agora, e para se distrair ele tenta pensar em outras coisas - os Shamisos, agora caídos num buraco no canto do quintal da Senhora, as rosas vermelhas, que ele plantará amanhã. Quando Method passa por um grupo de mulheres bloqueando seu caminho, ele sai do caminho porque é isso que se espera dele. Ele olha rapidamente para o grupo e chama a atenção de uma mulher alta com uma camiseta branca 'Eu amo a África'. Naquele breve momento, ele se pergunta rapidamente se deveria reconhecê-la com um aceno de cabeça, mas seu rosto escurece com um olhar que faz com que Method tropece num tronco abandonado.

Ele rapidamente se endireita e continua andando, mas há uma vacilação em seus joelhos. Ele recebeu muitos olhares neste bairro - sujos, vazios, simpáticos, irritados. Na maior parte, ele aprendeu a tolerar aqueles que podem ser tolerados e ignorar aqueles que devem ser ignorados, mas o olhar que esta mulher lhe dirige não é um olhar que se dá a humanos, mas a moscas, carraças, baratas, pulgas; a um monte de excremento deixado a céu aberto, o estômago se contraindo de nojo, a pele arrepiando de repugnância.

Method sente raiva, depois humilhação, depois algo sem nome. Se ele estivesse em seu próprio país, ele se voltaria e enfrentaria a mulher; mas agora ele está ferido, ferido, uma parte dele desejando ser invisível. Respirando uniformemente, ele caminha com cuidado, apenas levantando os olhos quando chega a seus aposentos, entre seu próprio povo. Ele segue para sua cabana. Ele poderia passar no Njabulo, seu vizinho, onde sabe que homens e mulheres já estão reunidos para assistir vídeos caseiros: Mukadota, Gringo, Kukhulwa Kokuphela, Neria, Parafina. No entanto, não importa a promessa de bom companheirismo e risos, Method o não se junta a eles. Ele sabe que essas reuniões sempre terminam com homens e mulheres tirando suas roupas para mostrar um ao outro seus corpos, tocando o corpo um do outro com intimidade.

Suas cicatrizes geram lembranças tristes. Assistir a vídeos é uma forma de esquecer: as eleições de 2008, a polícia com cassetetes, os soldados com armas, a milícia com facões. Você se lembra? Nádegas queimadas. Membros partidos. Telhados em chamas. Eu lembro. Estupro - Jesus, Jesus, Jesus, estupro, não um, não dois, mas quinze deles, um após o outro. A irmã dele, Sithokozile, por que achas que ela não fala mais? Aqui, este olho, estás a ver que está cego? Atingido por uma lata de gás lacrimogéneo na rua principal. É aqui que o facão corta, em baixo da axila, toca, não tenhas medo, só dói um pouco agora; só não pressiones com muita força. Olha isso aqui, dizem eles, na barraca do Njabulo, as cicatrizes falando em línguas dolorosas. É por isso que Method não vai assistir a filmes com eles; há certas coisas daquela época que ele não deseja lembrar.

Ele descalça as sapatilhas e fica na porta da sua barraca, batendo uma na outra para tirar a poeira. Satisfeito, ele se retira para dentro e segura as sapatilhas contra a luz de uma lamparina de querosene. O couro é macio nas suas mãos; ele pode dizer que são sapatos muito caros, sapatos que ele nunca sonharia em comprar. Os atacadores pretos são listrados de ouro. Method vira os sapatos e inspecciona os saltos; quase não há nenhum sinal de desgaste. Ele os leva ao nariz. Ele não sabe mais como cheira a novo, mas talvez seja um cheiro de novo que ele detecta. Ele é subitamente dominado pela gratidão e se odeia por não ter agradecido à senhora de maneira adequada. Amanhã, ele vai agradecer a ela, e da próxima vez que ele vir aquela outra, ele vai agradecer a ela também, sim, ele deve agradecer a Joe.

***

Depois de comer uma pequena ceia de farinha, Method estende cobertores no chão. Ele pega o saco no qual guarda suas coisas e dele pesca outro saco, e do segundo saco pesca um terceiro. Ele desamarra o elástico em volta do terceiro saco e tira um montão de cartas de sua mãe. *Meu filho*, começa uma, *Querido Method*, outra, *Method*, ainda outra, e mais outra, *Meu querido filho Method.* Ele endireita as cartas uma a uma e lentamente passa os dedos sobre a escrita inclinada dela, imaginando o rosto de sua mãe - suas maçãs do rosto proeminentes, lábios grossos, as linhas de riso nos cantos dos olhos e ao redor da boca. É assim que ele se lembra dela.

Todos os dias, depois do trabalho, Method pega nessas cartas, as lê e relê e depois fala com elas, fingindo que está se dirigindo à mãe. Às vezes, ele até imita a voz dela enquanto imagina o que ela pode dizer a ele.

Meu filho Method, por que nunca escreves? Não leste as minhas cartas? Ele fala, no sotaque lento dela.

Eu li mãe, na verdade eu as leio todos os dias. Mas...

Qual mas Method, mas o quê? Ele levanta a voz como ela, a cabeça inclinada para frente como se ela estivesse aqui, de frente para ele.

E não enviaste nenhum dinheiro Method. Achas que comemos ar? Diz lá, achas que vivemos do ar?

Não, mamã.

Então porquê Method meu filho? Que pecado cometi contra Jeová para merecer este tratamento? As palmas das mãos de Method estão estendidas em seu colo como as de uma mãe angustiada, seus dedos ligeiramente curvados.

Ouça, *mamã*. Deixe-me explicar...

Às vezes, as conversas de Method com sua mãe duram até tarde da noite porque ele tem muito a dizer. Mas hoje, ele está esperançoso. Ele pretende surpreendê-la agora que foi pago duas vezes. Ele enfia a mão novamente no saco e pesca uma lata de rapé. Ele desatarraxa a tampa vermelha e retira um maço de notas dobradas. Ele olha para a porta para se certificar de que está realmente trancada e começa a contar o dinheiro - $ 320 rands. No domingo, dia de folga, ele fará compras para a mãe.

Ele comprará para ela feijão, arroz, óleo de cozinha, sabonete, velas, fósforos, um vestido, vaselina, um par de sapatilhas. Seu vizinho, Njabulo, transporta mercadorias pela fronteira, e Method tem economizado para usar esses serviços. Ele coloca o dinheiro de volta nos sacos. As cartas, ele coloca debaixo da almofada e adormece, pensando na carta que sua mãe escreverá depois de receber o pacote dele. Ela dirá: *Meu querido filho: Meu querido, querido, lindo filho, estou tão orgulhosa de ti.*

***

Method é despertado pelo som de gritos. Ele se revira, puxando o cobertor fino sobre a cabeça, mas não consegue impedir o barulho. O assentamento nunca é um lugar tranquilo; há lutas, festas, escândalos, lutas. A gente se acostuma com essas coisas. Method diz a si mesmo que não vai se levantar para ver o que está acontecendo - amanhã, ele vai plantar as rosas vermelhas, tirar ervas daninhas da relva e, possivelmente, derrubar o formigueiro que está ameaçando bloquear o portão da senhora. Será um dia assoberbado e por isso ele precisa dormir. Ele fica estático e espera o barulho diminuir. Ele sabe que, eventualmente, vai embora, sempre vai.

Mas hoje o barulho se agarra, como pele, o caos ficando cada vez mais alto. As vozes palpitam, e Method pode imaginar o ar lá fora tremendo e depois se separando, incapaz de ficar parado. Quem quer que sejam, estão se movendo em direcção a sua barraca. Então, pela primeira vez, ele pode realmente ouvir o que eles estão dizendo, e ele sabe por suas palavras que são os habitantes locais.

FORA! SAI!

VÃO EMBORA! VOLTEM PARA A VOSSA TERRA AGO-

RA MESMO!

VOCÊS ROUBAM NOSSOS TRABALHOS, FORA!

VOCÊS ROUBAAM NOSSAS MULHERES, FORA!

FORA, VOLTEM PARA CASA, FORA!

FORA FORA FORA FORA FORA FORA FORA!

E então há os gritos de socorro, tão crus, tão assustados, tão desesperados. Method se apoia nos ombros e inclina a cabeça em direcção à parede. Ele se concentra nos sons, ouve atentamente as entonações, tentando avaliar o clima. Ele nunca tinha ouvido nada parecido em Eden Park, vozes tão aterrorizadas, tão ansiosas, tão frenéticas e outras tão cruéis, cáusticas, ameaçadoras. A cabeça de Method gira. O que fazer? O que, exactamente, aconteceu lá? O que vai acontecer agora? Ele pensa em sair de casa, mas decide não fazê-lo. Ele precisa ficar quieto. Sim, é isso que ele precisa fazer, ficar quieto e calado porque quem sabe o que ele vai encontrar quando sair por aí?

Method vê uma longa lança perfurar a barraca e, com um giro, sua porta é escangalhada. Lá fora, a visão faz seu estômago revirar. Uma multidão empunhando armas. Lanças. Catanas. Bastões. Machados. Facas. Pés-de-cabra. Corpos em fuga. Corpos em queda. Corpos ensanguentados. Gritos, pedidos de misericórdia; por favor por favor por favor! E a gritaria: Fora, vão, voltem para a vossa terra! Fora! Method não sai de debaixo de seus cobertores, embora as pessoas estejam dentro da sua barraca, gritando com ele.

Primeiro, um facão corta Method em algum lugar na cabeça. O

sangue jorra da ferida e seu cobertor está escuro de sangue. Mais e mais armas chovem sobre ele. Os espancamentos doem e Method sente a dor no fundo dos ossos, mas não grita. Então ele sente algo molhado e o cheiro de gasolina pica seu nariz. Seu coração bate de terror. Ele não sabe quando o fósforo pousa em sua camisa, mas de repente está em chamas.

Queimadura por todo o corpo de Method. Ele abre a boca pela primeira vez e vocifera. Ele se levanta e uma grande labareda brilhante corre em direcção à porta, mas agora ela está bloqueada pelo lado de fora; eles não vão deixá-lo sair. Lá fora ouve gritar uma mulher: Xolela! Xolela! E ele bate na parede de sua barraca e grita seu nome verdadeiro de volta. Ele sabe que não sairá vivo, mas quer que saibam que seu nome é Method.

Eu chamo-me Method.

CHIEDZA MUSENGEZI

INTRUSOS

Tradução de Mónica Margaride

Chembe deita-se na sua cama, ondulando entre a vigília e o sono. É Maio. O frio do Inverno que se aproxima mantém-no desperto. Desliza sob os cobertores e estica um braço para apagar a vela, apertando o pavio aceso entre o polegar e o indicador. Um cheiro de fumo fica no ar. Arranja a almofada, posiciona-a, mas antes de deitar a cabeça, ouve uma batida forte na porta. São nove horas da noite. Lá fora está lua cheia.

'Quem é?'

'Sou eu.'

É Jailos. Chembe consegue perceber pelo timbre da voz. Jailos é o ajudante da segurança da Fazenda Chapisa. Está de plantão esta noite. Chembe fica calado à espera de saber do que se trata.

'Dois homens querem falar consigo. Só querem ver o capataz.'

Chembe agarra no macacão que está pendurado numa cadeira ao lado da cama. Calça as botas, põe um gorro na cabeça e pega num bastão e numa tocha que estão a um canto. Os dois homens seguem por um caminho, um atrás do outro. Jailos vai à frente num ritmo rápido. Chembe pensa que o jovem deve estar com medo ou excitado.

'Quem são estas pessoas?'

'Não sei. Eles não querem falar comigo.'

Está uma noite clara com um céu estrelado. Vêem-se as formas dos edifícios da fazenda; a escola, os celeiros de tabaco, os estábulos vazios, a garagem e os barracões de ferramentas. O feixe da tocha, por vezes, incide nos telhados de palha das cozinhas ou nas folhas de amianto da casa de um trabalhador rural, à medida que vão passando pelo complexo da fazenda. Dirigem-se para um portão fechado. Dois vultos estão perto dos degraus, como se estivessem prontos para saltar a vedação. Um é alto, o outro de estatura média. Chembe passa a luz em redor antes de se concentrar nos dois estranhos. Um cachecol com listas castanhas está enrolado no pescoço do mais alto. O mais baixo usa uma boina inclinada sobre a cabeça. Ambos têm as mãos nos bolsos do casaco.

O mais alto fala. 'Ei, desligue essa coisa. Não somos ladrões.'

Chembe tenta apaziguar as palavras do estranho. 'Boa noite, meus irmãos.' Aponta a luz da tocha para o chão. 'Como posso ajudar?'

'É você o capataz?'

Chembe acena com a cabeça.

'Precisamente o homem que procuramos. Eh, queremos entrar e conversar um bocado com os trabalhadores. Consegue-nos arranjar isso, velho.' É mais um comando do que uma pergunta.

'Velho.' Chembe sente o tom de sarcasmo desta palavra. Velho não se costuma usar muito por aqui. Não é suposto compreender e muito menos apreciar o seu uso. Ainda assim, educadamente, informa que não pode permitir a entrada de estranhos na fazenda. Terão de pedir permissão ao Sr. Winterson, o proprietário. O homem mais novo não mostra interesse no que ele diz. O mais baixo ainda diz uma última coisa antes de desaparecerem nos arbustos.

'Estes *vaenzi* estarão de volta num abrir e fechar de olhos.'

Chembe percebe que talvez não devesse ter usado a palavra estranhos, mas essa era a regra – não são permitidos estranhos sem marcação - e a atitude dos jovens não o levou a pensar que eles viessem com boas intenções.

No entanto, Jailos ainda reclama, 'Mudhara Chembe, *hini ndava*? Você falou como se tivesse nascido do mesmo ventre. Eles podem ser ladrões, desordeiros, vândalos. Devíamos tê-los...' Jailos completa a frase com um cruzamento de mãos nos pulsos, imitando uma pessoa algemada. Tanto Jailos como Chembe receberam algemas após a formação numa empresa de segurança, em Harare.

'Eu sei, mas não tão rápido. Não roubaram nem causaram problemas. É melhor esperar. Vemos primeiro o que pretendem fazer?'

'Não é coisa boa', insiste Jailos.

Chembe acha que não é aconselhável irritar estranhos, especialmente à noite. Seguem pelo guarda-fogo que passa ao longo da vedação por cerca de duzentos metros à procura de fios soltos, para ver se o arame farpado foi cortado. Está tudo bem. Jailos permanece na rectaguarda, sentado perto de uma fogueira no pequeno abrigo de madeira junto aos degraus. Chembe volta para casa, mas decide passar pela casa da fazenda para uma verificação rápida. Caminha por uns pinheiros que servem de quebra-vento e sobe a encosta da colina onde fica a casa. As luzes de segurança estão acesas e o portão alto trancado. Os impulsos de corrente eléctrica asseguram-no de que a vedação do perímetro da casa da fazenda está intacta.

***

Certa manhã, há trinta e cinco anos, Chembe chegou à Fazenda Chapisa. Viajou quarenta quilómetros desde Harare, de autocarro, ao longo da Estrada Mutoko e, em seguida, caminhou cinco quilómetros por um trilho empoeirado que se ramificou à esquerda da estrada principal. Esperou no portão principal da fazenda no meio de um grupo de pessoas da vizinha Chikwaka Communal Land, à procura de trabalho sazonal. O fazendeiro precisava de mais mão-de-obra para ajudar na colheita do tabaco. Os apanhadores de tabaco experientes e qualificados foram seleccionados. Chembe não ficou entre eles. Contudo, chamou a atenção do fazendeiro branco e do seu assistente por parecer ser menor. Era um rapaz de estatura média, constituição franzina, com ar de bebé gorducho, rosto liso e os braços ainda sem firmeza nos bíceps.

'Que experiência tens numa fazenda?' O Sr. Winterson olhou para baixo para o rapaz com os seus olhos azuis-claros.

'Eu, sou um escolhedor. Um rápido escolhedor de laranjas da

Mazowe Citrus Estate.'

Chembe havia sido despedido da propriedade porque a plantação de frutas cítricas foi reduzida para dar lugar ao cultivo do milho.

'Aqui trabalhamos com tabaco, não laranjas. O que mais sabes fazer?'

'Eu, eu limpo, encero e embalo... laranjas.' A sua confiança desmoronou.

'Estou a ver. Só trabalhaste com laranjas.' Sentindo empatia pelo jovem, pensou que estava a ser injusto em esperar experiência de trabalho de um rapaz que ainda era uma criança. 'Quantos anos tens?'

'Dezoito.'

Atirou um pouco à sorte. O seu pai, que originalmente veio do Malawi, trocou a propriedade cítrica pelas minas, onde se dizia que os salários eram o dobro do que estava a receber. Não registou o nascimento de nenhum dos seus dois filhos, talvez por ignorância ou por irresponsabilidade, vá-se lá saber. Quando Chembe atingiu a idade escolar, não podia matricular-se na escola sem um certificado. A sua mãe, que nunca tinha ido à escola, pagou a um homem do Malawi para se fazer passar pelo pai no escritório distrital de Mazoe. O pai contratado manteve os primeiros nomes das crianças, mas deu-lhes o seu sobrenome. Diante do funcionário oficial, ele apresentou os filhos juntamente com a sua prova de identidade. Inventou aniversários e as crianças adquiriram certidões de nascimento e uma identidade, permitindo a Chembe ir à escola e, posteriormente, deixar a propriedade cítrica e procurar emprego noutro lugar.

Por volta das dez horas da manhã, estava quente. Chembe viu o fazendeiro arregaçar as mangas da camisa cáqui até aos cotovelos, expondo os braços com veias grossas como cordas. Puxou a aba larga do chapéu para proteger os olhos do sol enquanto verificava os documentos de identidade dos candidatos ao emprego. O recrutamento de trabalhadores temporários estava quase concluído e Chembe ainda estava do lado de fora do portão. O Sr. Winterson não era um homem cruel e houve algo na resiliência tranquila do jovem que lhe chamou a atenção. A impaciência não é uma virtude num fazendeiro.

O Sr. Winterson chamou o seu assistente e instruiu que o jovem fosse contratado para a secção de hortaliças. Quinze hectares da Fazenda Chapisa destinavam-se ao cultivo comercial. Chembe seria vigiado durante três meses antes de ser confirmado no cargo.

O jovem acabou por demonstrar ter a força de um boi. Acordava cedo para o trabalho todos os dias e nunca faltava sem um bom motivo. Ele separou, limpou e embalou batatas, tomates, abóbora, couves, beringelas e pepino. Sempre pronto para ajudar os novos recrutas, Chembe impressionou o Sr. Winterson com as suas habilidades sociais e a ânsia de acolher os recém-chegados. Ele manteve o jovem no seu subconsciente para quando houvesse um cargo mais responsável a ser preenchido.

Chembe partilhava uma casa de duas divisões no complexo da fazenda com outro jovem agricultor. Em cinco anos, ficou mais alto e o seu corpo mais composto. Exibia uma barba no queixo

Era benquisto querido pelo resto dos agricultores e algumas mães expressavam a opinião de que faria um genro ideal.

Foi então que Chembe conheceu Snodia, uma trabalhadora sazonal da Chikwaka Communal Land, que faz fronteira com o lado leste da Fazenda Chapisa. Gostou da sua pele escura e dos seus grandes olhos redondos num rosto aberto que fazia antever a ausência de segredos. Assim que ela aceitou a sua proposta de casamento, Chembe não perdeu tempo. Queria ser apresentado à sua família imediatamente, mas a visita aos pais de Snodia não foi um grande sucesso.

Chembe falava Shona fluentemente, mas com as inflexões de Chichewa, a sua língua materna. Ele e Snodia estavam sentados na cabana da avó com outros membros da sua família que tinham vindo para conhecer o futuro genro. Eles acharam, ou fingiram achar, o seu discurso difícil de compreender.

'Hã? O que é que você disse?' Perguntavam a tia, a mãe, a avó ou o tio de Snodia quando Chembe falava. Às vezes, Snodia intervinha para esclarecer um ponto ou ajudar com uma palavra mais apropriada ou com a sua pronúncia. Ela estava ansiosa que ele se integrasse com o resto da família. Ele disfarçava o constrangimento com uma alegria artificial e risos. Foi também um momento desconfortável para Chembe, quando teve que falar sobre a história da sua família, da qual pouco conhecia.

'Então, onde está a sua família?' A tia de Snodia queria saber. Chembe falou sobre a sua mãe e irmã. A mãe tinha morrido e a irmã era a jovem esposa de um homem mais velho que tinha viajado com o seu pai do Malawi para o que era então a Rodésia. Quase não tinha nenhuma lembrança do seu pai, que tinha partido para a Mina Jumbo quando ele tinha quatro anos. Quando a mãe foi ao encontro do pai para pedir dinheiro para manter os filhos, ele já não estava mais lá. Alguns dos seus amigos disseram que tinha sido visto num rancho em Plumtree, no sudoeste do Zimbabwe, conduzindo um rebanho de Brahmans para as manjedouras. A mãe de Chembe desistiu. Não tinha nem dinheiro nem energia para persegui-lo.

'O meu pai trabalha em Matabeleland', foi tudo o que Chembe conseguiu dizer.

No final da visita, quando alguns parentes já tinham saído da cabana para a paragem do autocarro na estrada Harare-Mutoko, a avó, sem tacto, puxou Snodia de lado.

'Atiras-te assim para um estrangeiro?' Sussurrou-lhe ruidosamente. 'O que é que os homens locais têm de errado? *Xnaa*! Não tens juízo.'

Snodia ficou surpresa com o acesso de raiva da senhora.

'É melhor ficares com alguém que conheces, que cresceu contigo. O que há de errado com o Togara, o Misheck, o Obey?' A mulher nomeou os jovens elegíveis da aldeia. 'E o que é que tu conheces dos costumes do povo do teu homem?'

Snodia amava Chembe e ia casar-se com ele, mas não queria chatear a avó, então simplesmente respondeu que ele era um homem trabalhador e honesto, muito respeitado pelos outros trabalhadores rurais.

Mas a sua avó não desistia e continuou como se todo o povo do Malawi fosse igual. '*MaBrandaya anotetereka*. Eles são vagabundos amaldiçoados por fugir do seu próprio povo. Eles viajam, mas não é para chegar a um destino.'

'Avó, a senhora nunca viajou para lá do Juru Growth Point, disse ela, apontando para um conglomerado ecléctico de edifícios à distância, o contacto principal da comunidade com o mundo exterior. 'O que é que sabe sobre as pessoas que moram noutras partes?'

Snodia estava chateada; voltou a juntar-se ao resto do grupo. A avó virou-se e foi-se embora, caminhando num ritmo pouco comum para quem andava com a ajuda de uma bengala. Também estava chateada por o seu sábio conselho não ter sido bem recebido por alguém que era da sua própria família.

Partilhar as preocupações da avó com Chembe fortaleceu a sua decisão de se casar com ele. Ele abordou o Sr. Winterson e contou-lhe sobre o casamento que estava próximo. Esperava que o Sr. Winterson o deixasse comprar duas vacas velhas que poderia colocar na *lobola*. O custo seria deduzido do seu salário aos poucos. O fazendeiro não gostou.

'Vou estar a dar o exemplo, a abrir precedentes. Antes que eu piscasse os olhos, todo o maldito trabalhador rural iria querer que eu fosse a sua *mamã*. Fora de questão.'

'Mas o senhor é um pai para mim. Eu cresci sob os seus cuidados. A maioria do que sei fazer na fazenda foi você me ensinou.' Chembe sabia que o Sr. Winterson costumava ladrar mas não mordia, e que estava perfeitamente consciente de que tinha sido ele o responsável pela substituição com sucesso dos eucaliptos pelas árvores indígenas; era capaz de arar os campos, de curar e separar o tabaco, bem como cultivar todos os vegetais a partir de sementes. 'Quem mais me ajudaria a construir a minha família?'

E Chembe estava certo. O Sr. Winterson tinha três filhos adultos que tinham emigrado para a África do Sul, e, portanto, não tinha muito mais a quem dedicar os seus instintos de paternidade. Então, pensando bem, o Sr. Winterson concordou em ajudar, mas apenas se a sua esposa o consentisse.

'Dá uma oportunidade ao rapaz. Falas sempre sobre o bom trabalhador que ele é.' A Sra. Winterson não costumava ir ao campo, mas conhecia Chembe da clínica que dirigia na fazenda e das muitas vezes que ele trazia vegetais para a casa da fazenda. Ela sabia que o marido sentia afecto pelo jovem, baseado na confiança mútua, na sua ética de trabalho e no seu carácter admirável. Ele iria querer que Chembe fosse feliz, com a sua própria família. Sentiu que ele merecia uma oportunidade na vida.

Assim que Chembe pagou a *lobola*, a sua posição com os sogros melhorou. Dos três jovens que se casaram com membros da família, ele foi o único que pagou o dote da noiva. Por ter experiência numa fazenda, os sogros consideraram-no útil em casa. Era especialmente atencioso com a avó que finalmente se entusiasmou com ele. Tinha uma lista de tarefas pronta para quando ele a fosse visitar: cortar toros para lenha, uma vedação partida do jardim para consertar ou uma porta para ser colocada de volta nas suas dobradiças. E a avó de Snodia sabia como mostrar a sua apreciação. Chembe costumava sair do seu quintal de barriga cheia, uma galinha gorda debaixo do braço e um presente para a sua família na fazenda. Às vezes, trazia mudas *de musasa, mubvee, duikerberry* e outras árvores locais que ia plantando na fazenda, para o prazer do seu sogro.

***

Os anos passaram, de uma forma geral, pacíficos e produtivos e o casal teve dois filhos, Maladitso e Mayamiko. Quando eles alcançaram a idade escolar, a pressão da família de Snodia para Chembe construir uma casa em Chikwaka começou a fazer mais sentido, especialmente porque significava que as crianças poderiam ir para a escola da missão anglicana local que tinha professores qualificados. A pré-escola na fazenda tinha sido boa. Snodia havia participado e feito um curso ministrado pela Save the Children, mas a escola primária ainda dependia dos finalistas do ensino fundamental.

E assim foi ao longo de vários anos, com pequenos empréstimos aqui e trabalho duro acolá, Snodia e Chembe construíram uma casa de tijolos em Chikwaka com cinco divisões e telhado de zinco. A mulher tinha começado a morar lá com as crianças muito antes de o último prego ser pregado. E embora Chembe sentisse a sua falta, o trabalho na fazenda como capataz mantinha-o totalmente ocupado do amanhecer ao anoitecer, só se conseguindo juntar à família aos fins-de-semana, pedalando quinze quilómetros todas as sextas-feiras de bicicleta carregado com pacotes de batatas, cebolas e tomates. E, às vezes, ela e os filhos iam com ele de volta para a fazenda, especialmente durante a férias escolares, quando Maladitso adorava andar de tractor e, toda a gente fechava os olhos, dada a posição de Chembe.

Mas todas as coisas boas têm um fim. Maladitso voltou um dia da escola com as roupas sujas e coberto de cortes e hematomas. 'O que aconteceu?' Perguntou a mãe, enchendo apressadamente uma tigela com água fria. 'O Hondo chamou o meu pai de estrangeiro, o cão de colo do homem branco. Disse que logo ele estaria desempregado, e que o seu próprio pai teria um terreno na Fazenda Chapisa. Disse que o Sr. Winterston é um ladrão e que deve voltar para Inglaterra.'

Snodia sentiu a raiva, que andava na boca de todas as mulheres nos mercados há semanas, a vir directa para casa deles. Pegou num pano molhado e passou no corte da testa de Maladitso, como se ele fosse uma criança pequena, e não um jovem. Perguntou-se o que lhe deveria dizer. Sabia que as pessoas tinham ciúmes dela e de Chembe por causa dos empréstimos que haviam recebido do Sr. Winterston, por causa de todos os vegetais e lenha. Mas não tinha o marido trabalhado para isso desde há quase duas décadas; não merecia ele o respeito do seu patrão? Só que ela sabia também que, quando as fichas caíssem, o facto de ele ter nascido no Zimbabwe não contaria para nada. As pessoas iriam virar-se para ele e chamá-lo de traidor, um cão do Malawi. Deve o filho receber o mesmo tratamento?

Maladitso olhou para ela. 'O ZBC diz que devemos ir e tomar conta das fazendas, expulsar o homem branco. Mas não precisamos da terra? Lutei com o Hondo porque ele insultou o meu pai, mas não estou a defender a fazenda.'

Snodia sentiu que deveria ir ver Chembe; a única forma de

acalmar era falar com ele. O seu coração estava apreensivo. Mas ele deveria estar de volta a casa em dois dias - isto é, se voltasse na sexta-feira, como de costume. Decidiu que seria melhor esperar, e caso ele não viesse, iria ela para a fazenda no domingo.

Na sexta-feira, Chembe estava excepcionalmente atrasado para chegar, Snodia tinha ido duas vezes à paragem do autocarro, procurar por ele. A ansiedade dela cresceu com o barulho dos cães a latir, um som familiar, mas que irritava quando já se estava com os nervos à flor da pele. Então alguém com um cheiro familiar saltou para o quintal. '*Fusek! Choka*', ouviu Chembe murmurar, enxotando os seus dois cães. Assim que ele se abrigou, Snodia serviu-lhe *sadza* e cogumelos secos com manteiga de amendoim. Depois, aqueceu a água do banho para o marido que estava a digerir o jantar com chá preto muito açucarado bebido da sua caneca metálica favorita. Ele não gostava de chávenas de porcelana, dizia que eram tão pequenas que não podiam segurar uma boca cheia.

Estavam na cama quando Snodia tocou no assunto dos problemas nas fazendas.

'Se fosse eu, deixava esse trabalho' a voz de Snodia era baixa.

'Porquê? E ia fazer o quê? Deixar a minha família passar fome?'

'Não é a tua fazenda. Fica fora disso.'

'Ficar fora de quê?'

'Não disseste que há estranhos por lá?'

'Ah, nada de novo. São pessoas que vagueiam nas reservas para cortar relva, apanhar lenha... Winterson não se importa, contanto que eles peçam.'

'Hoje em dia eles não pedem. Dizem que a terra é deles. Não invadiram já as fazendas dos bairros vizinhos - Norfolk, Serui, Nyabira... Deves saber disso.' A voz firme de Snodia desapareceu. 'Não os persigas, colocando cães atrás deles como fazes. Só vais trazer problemas para a família.'

Snodia não revelou que o seu filho já havia lutado com um grupo de jovens que estavam sob a influência da comunidade local. Quanto tempo demoraria para que se juntasse a eles? Ele estava naquela idade muito impressionável. A sua melhor amiga tinha-lhe dito que não conseguia fazer nada com o seu próprio filho, que estava a ser pago para se juntar aos invasores, e ele recebeu *mbanje*, disse a mulher desamparada. 'Não posso fazer nada, não quando ele está a fumar e a beber - e precisamos do dinheiro.' Snodia sentiu que sabia melhor do que o marido como essas invasões iriam separar as famílias, separar as comunidades. Quando algo é de graça, toda gente quer uma parte.

'Estás a viver num casulo' disse-lhe ela. 'Aqui em Chikwaka toda a gente fala sobre essas invasões. As pessoas estão divididas, mas todos querem a terra.'

'Sim, mas também querem comida, empregos, lenha,' disse Chembe, recusando ouvir a ansiedade na voz dela. Já houve problemas antes. Tudo passaria.

'Winterson não é um político, apenas um fazendeiro.' Chembe riu-se da forma que costumava fazer quando achava que uma ideia era demasiado rebuscada, mas no fundo do seu coração também estava preocupado.

***

De volta à fazenda, o Sr. Winterson pediu a Chembe para aumentar as patrulhas. Tinha havido um aumento de pessoas a vaguear pelas terras sem permissão. Chembe, como capataz, foi convidado a acumular as funções de chefe de segurança e encontrou uma maneira de reduzir os movimentos para cima, para baixo e em toda a fazenda. Trepou à árvore *musamvi* que cresceu numa elevação de cinquenta acres em relação às árvores locais. Era uma árvore grande e alta com grandes galhos; os seus ramos folhosos formavam uma copa larga e espessa. Onde o tronco se dividiu, cresceu um galho que se projectou para fora e, em seguida, curvou-se sobre si mesmo na forma da letra L. Chembe seguiu o galho e sentou-se na curva, com as pernas apoiadas nos galhos menores abaixo. Com a cabeça parcialmente escondida na folhagem, sentava-se em silêncio e as pessoas podiam passar por baixo sem dar pela sua presença. Subir às árvores era um hábito de infância. A sua posição dava-lhe um excelente ponto de observação. Dessa altura, a Fazenda Chapisa espalhava-se como um mapa abaixo dele. Conseguia ver o vermelho do telhado da casa da fazenda, a barragem que brilhava como uma folha de vidro até ao sul do *vlei* e o rebanho leiteiro a pastar. Além de servir de vigia, dava um verdadeiro prazer a Chembe. Ele gostava da solidão da floresta: a brisa a agitar as folhas e galhos, as vagens estaladiças e os muitos pássaros que vinham banquetear-se com as frutas *tsamvi* e os figos doces do tamanho de ervilhas, que às vezes também ele comia.

Chembe estava na árvore de *musamvi* quando dois homens

passaram por baixo. Reconheceu o homem alto com o cachecol de lã listado. Os estranhos estavam de volta. Chembe, rápida e silenciosamente, desceu da árvore e seguiu-os à distância. Viu-os a conversar com Jailos, que estava a vigiar as mulheres de Chikwaka a quem Chembe tinha concedido permissão para cortar a relva. Esforçou-se por ouvir trechos da conversa. O alto parecia levantar a voz deliberadamente como se soubesse que estava a ser seguido, e como se quisesse ter a certeza de que Chembe ouviria todas as suas palavras. Assim sendo, Chembe esgueirou-se até eles e aceitou a oferta.

'O agricultor branco vai sair', o estranho continuou lançando um olhar na direcção de Chembe. 'Já recebeu a nossa carta. Faz agora vinte e um anos que o país tem a sua independência. Ele já tem dinheiro suficiente. Agora é a nossa vez. Vamos dividir a fazenda em parcelas de dez, vinte, trinta e cinquenta acres para as pessoas cultivarem.' Jailos olha de relance para Chembe com um olhar que diz que a ideia até é boa.

'Eu diria que um homem que possui a terra é um homem livre, Mudhara Chembe. Você cultiva a sua própria comida. Alimenta a sua família. Vai para os campos à hora que quer. Ninguém grita consigo.'

Os estranhos sorriem, assentindo em acordo. Chembe reflecte. Um jovem como Jailos pode falar assim, não tem família. O que impediria um jovem de tentar uma nova vida? A sua posição é diferente. Ele tem uma família. O Sr. Winterson foi bom para ele. Mais vale viver com as dificuldades que já conhece. Que outros riscos podem vir pela frente? Será que Jailos anda a encontrar-se com estes homens secretamente? É um pensamento desconfortável.

'Aos fazendeiros experientes como você, damos trinta acres de boa terra.' O alto aponta para os campos cultivados. 'Dar-lhe-emos um arado, dois bois e sementes de milho. Que mais você pode querer?'

'Mas quem é você? Não tem permissão para estar aqui. Vem agora para aqui falar sobre assumir a fazenda. Tenho de contar ao Winterson.'

'Em breve você vai saber. Mas força, ligue para ele.'

Chembe apressa-se em direcção à fazenda. Uma nuvem de fumo levanta-se onde as mulheres estão a cortar a relva e ele para. Muda de direcção e corre para elas. Fica furioso porque as cortadoras de relva estão a desobedecer às regras, podendo provocar um incêndio que facilmente se espalharia. Chembe confronta-as, mas as mulheres reagem de forma inesperada. Dizem que têm que comer e que, para isso, precisam de cozinhar porque vão cortar relva nos próximos três dias.

Chembe é tomado de surpresa.

'Vou ligar ao Winterson. Ele tem de ver isto.'

As mulheres riem e troçam. 'O que é que o seu homem branco pode fazer?' diz uma.

Fica claro que o que tem acontecido no bairro finalmente chegou a Chipisa.

Chembe ouve uma multidão à distância. Gritam e cantam '*Jambanja Jambanja*" e estão armados com machetes, *knobkerries* e correntes de bicicleta. Um deles segura bem alto o letreiro que foi arrancado da entrada da fazenda. Na inscrição lê-se 'Fazenda de Chapisa. Os intrusos serão processados.' A multidão avança em direcção à floresta de árvores indígenas, perto de onde estão as cortadoras de relva. As mulheres pousam as foices e juntam-se à multidão cantando e dançando. Chembe estremece com os baques dos machados que derrubam as árvores por ele cuidadas durante anos.

Um dos trabalhadores alerta o fazendeiro que telefona à polícia. Este tem de conduzir vinte quilómetros até ao posto de Goromonzi para ir buscar os polícias porque eles não têm veículo, trazendo de volta três agentes. O mais velho senta-se na frente com o chapéu colocado. Tem um bastão no colo onde bate com o polegar. Os agentes mais novos partilham o banco de trás, que cheira a pêlo de cão. Estão todos em silêncio no carro. O Land Rover derrapa na estrada quando o fazendeiro acelera nas curvas. O agente mais velho diz ao agricultor para não se apressar.

Quando chegam, os trabalhadores agrícolas já se tinham reunido para ver o que estava a acontecer. O homem alto encoraja-os a participar. Chembe avista Mayamiko na multidão. Os seus olhos cruzam-se. O filho olha para baixo, evitando o olhar do pai. Tem um ar desmazelado e cheira mal. Os olhos estão vermelhos e cansados. O cabelo está despenteado e as suas roupas têm um aspecto doentio com suor velho. Chembe sente-se, ao mesmo tempo, chocado, envergonhado, zangado e com pena do filho.

***

Os polícias não contêm a multidão. O agente mais velho vira-se para o agricultor branco. 'Isto está fora do nosso controlo. Você tem de falar com os dois lados e chegar a um compromisso. A fazenda pertence-vos a todos. Estas são as terras ancestrais deles também.'

'Eu não vou.' O fazendeiro fica com o rosto vermelho. Vira-se para os trabalhadores rurais. Parecem passivos e vacilantes. Limpa a garganta e fecha os olhos como se assim conseguisse fazer desaparecer tudo. Há um silêncio. Baixam as cabeças. Os trabalhadores olham para o rosto uns dos outros, disfarçadamente. Na sua cabeça, o fazendeiro ouve as palavras do polícia: 'Isto está fora... terras ancestrais.'

A tensão faz as palavras do agricultor branco saírem entredentes. 'Os tomadores da terra estão aqui... são livres para se juntarem a eles... se assim o quiserem.' A raiva faz-lhe vacilar a voz e interrompe-lhe o discurso. 'Se pensam que eles vieram por causa da terra... Estão bem enganados. Eles são ladrões, a farejar a minha propriedade como um bando de cães selvagens. Estão atrás do meu rebanho leiteiro, do meu tabaco curado, do meu equipamento agrícola... Podem ir com eles... Vão!'

Do meio da multidão invasora, ouvem-se umas risadinhas abafadas seguidas por uma onda de choque que se perscruta da reunião dos trabalhadores agrícolas. Um som de pés arrastados atrai a sua atenção. Jailos e um pequeno grupo de trabalhadores atrapalhados caminham em direcção ao grupo que chegou à fazenda.

'Somos pela terra.' O discurso de Jailos é alto, lento e deliberado.

O agricultor interrompe os aplausos e assobios, uma demonstração de apoio dos recém-chegados aos trabalhadores rurais que se juntaram a eles.

'Boa libertação para todos vocês, se decidirem ir. Acham que estas pessoas querem saber de vocês? Vão estar por vossa conta. E que Deus vos ajude porque eu não vou poder fazer nada. Acabou-se a escola gratuita para os vossos filhos. Acabaram-se as rações grátis de milho, feijão... Acabou-se a clínica gratuita quando estiverem doentes. E daqui a alguns anos, quando todas as árvores forem cortadas, esta terra ficará estéril.' Aponta para as acácias cobertas de formigueiros atrás dos campos de trigo arados, a área destinada aos enterros dos trabalhadores agrícolas. 'Acabaram-se os enterros decentes quando chegar a vossa hora...' Faz uma pausa.

Em silêncio, alguns dos trabalhadores olham para os formigueiros, onde estão os restos mortais dos seus familiares, sob montes de terra com pratos cerimoniais amassados virados para cima e cruzes de madeira natural com o nome de um bebé, da mãe, do irmão ou do avô, rabiscados por aqueles que não foram além do segundo ano do escola primária. O fazendeiro olha também para uma moita de buganvílias com flores brancas que cobrem os túmulos de três gerações dos Wintersons. Inesperadamente, escorrem-lhe lágrimas pelo rosto. Engasga-se de emoção. Não são apenas anos mas um século de trabalho e investimento. Chembe aproxima-se dele. Os polícias apontam a luz para os trabalhadores agrícolas que murmuram em protesto.

'Podemos chamar a polícia de choque', diz o agente mais velho aos trabalhadores da fazenda.

'Têm vinte e quatro horas para sair da fazenda. Fora! *Nomu-Brantyre wako*. Estrangeiros!' Grita o homem alto. 'E isso inclui-te a ti, Chembe. És um malawiano, um poodle do homem branco. Vai-te embora. Vai! Ficamos bem melhor sem ti!'

FREEDOM NYAMUBAYA

AQUELE LUGAR ESPECIAL

Tradução de Adrónia Nhabanga

A luz atingiu o meu olho esquerdo como uma unha afiada, depois de três dias sem ter visto o sol africano ou sentido o seu calor materno. Eu tinha acabado de despertar de um sono breve depois de passar a noite toda acordada e a cantar para minha alma. Lembrava-me de como cheguei a onde eu estava, mas não porquê lá estava. Eu ouvia gemidos, tosses, espirros, bocejos de todas as direcções. O que parecia uma competição de bufar e peidar de todas as direcções. Mas ninguém falava, excepto as duas pessoas que estavam sentadas do lado de fora a guarnecer-nos.

Eu só notei que estávamos sendo controlados seis horas antes, quando eu quis ir a casa de banho. Parecia que passaram dias desde que eu tinha tido esse alívio, mas felizmente não nos tinham dado nada para comer ou beber. Levantando e atravessando o chão, mesmo na escuridão, eu não queria ser vista pelos outros camaradas. Meu cabelo afro tinha ficado branco, meu rosto parecia o de um macaco em um campo empoeirado. Meus olhos estavam inchados.

Eu precisei esforçar-me para conseguir uma abertura para que eu pudesse ver para onde estava indo. Meu vestido de capulana, do qual eu já tinha tido orgulho, meu rosto, braços e pernas, também estavam cobertos de poeira e sujidade. No entanto, eu me levantei e passei pelos corpos. Porquê eu deveria preocupar-me com o que as pessoas pensariam de mim? Elas estavam dormindo! Mas eu preocupei-me e só saí porque sentar na minha própria urina em uma cabana teria sido pior." -Você deve pedir permissão antes de ir a qualquer lugar!" gritou um dos guardas. "Por aqui"! disse outro cujo nome Muchapera, significa literalmente "você será liquidado". Ele pegou seu rifle AK de versão de madeira e escoltou-me até à casa de banho.

Sempre havia pessoas circulando pela casa de banho, mesmo no escuro, às vezes por outras razões diferentes de fazerem as suas necessidades. As conversas livres não eram toleradas em público, e um dos poucos lugares que conferia alguma privacidade era a casa de banho. Em outras ocasiões, Servia de refúgio moderadamente seguro durante o trabalho ou o treino, para quem quisesse fazer uma pausa. Portanto, a casa de banho era na verdade o lugar onde a única discussão semi-aberta ocorria. Ninguém poderia impedi-lo de lá ir, mas às vezes isso só seria permitido com o aviso: "Faça rápido o que você quer fazer, quero que saia em dois minutos".

Eu não sabia de nada disso até àquele momento. No entanto, o guarda que estava parado do lado de fora, naquele momento de relativa liberdade, ele me disse que eu estava na prisão. Ele disse que se sentia mal com isso pois ele vinha do meu distrito e me implorou para dizer a eles que eu era um agente inimigo, ou então eles me chamboqueiariam. - "Ninguém sai deste lugar sem confessar" , disse ele. -" Mas faça o que fizer, não diga nada para ninguém! Você nunca me viu". E essa foi, de facto, a única vez que o vi. Ele tinha desaparecido antes que eu pudesse responder a sua declaração.

Quando finalmente abri meu olho esquerdo lacrimejante na luz do dia, vi que estava na companhia de quatro homens que estavam tão empoeirados quanto eu. Um deles mais tarde me disse que quando ele chegou eu estava inconsciente e tinha estado assim por horas. Não me lembrava de nada, mas percebi que estava um dia atrasada na minha contagem.

Eram cerca de sete horas da manhã e os dois guardas estavam a conversar a cinco metros da entrada. Alguns raios de sol filtravam através das rachaduras nas paredes de caniço da cabana. A porta era um Saco de cáqui que teria contido grão de milho em circunstâncias normais. Havia um espaço de dez centímetros entre o chão e o saco, que balançava para frente e para trás enquanto o vento soprava em diferentes direcções. Setembro, como Agosto, estava quente e ventoso no Campo de Treinamento de Tembwe, nas zonas remotas da Província de Tete em Moçambique. A poeira varreu a cabana improvisada com telhado de capim Os rostos do quatro homens não estavam totalmente visíveis na escuridão parcial, mas eu conseguia ver a miséria em seus rostos. Tentei sorrir para cada um deles, mas nenhum respondeu. Tentei examiná-los mais de perto, não havia nada mais a fazer, mas eles rapidamente desviaram seus rostos. Eles pareciam fantasmagóricos e assustadores com suas bochechas, lábios e olhos desfigurados e narizes cobertos de poeira cinzenta.

Um deles tinha o lábio inferior grosso, inchado e flácido e uma testa grande inchada que parecia cair sobre os olhos, fazendo-o parecer como um daqueles camiões de carga de longa distância com uma cabine suspensa. Outro, que parecia ser o mais jovem, tinha olhos que, como os meus, estavam muito inchados. Eu não sabia se ele conseguia ver ou não. Ele parecia uma daquelas sapo-boi frequentemente encontradas empoleiradas nas rochas durante os longos meses de verão. Eu toquei meus próprios olhos, imaginando que devia estar parecida com ele e depois caí na gargalhada. Nós éramos dois sapos, mas eu tinha certeza de que era a mais bonita. Minha risada pareceu quebrar o gelo, depois dum momento todos juntaram-se, logo o silêncio caiu novamente.

O terceiro homem era o bonito. Ele ainda estava bonito, mesmo com um nariz como JoJo O Palhaço, o resultado de uma luta de boxe unilateral com o segurança. O outro prisioneiro manteve o rosto voltado para mim: ele parecia pronto para atacar qualquer um que tivesse a chance. Já passava das nove quando o comandante de segurança do campo veio visitar-nos. Ele falava alto, e nunca me lembro dele dizendo qualquer coisa construtiva ou interessante. Ele usou uma linguagem torturante, e fez piadas vulgares sobre os internos. Perverso e cruel, ele não tinha nem sequer completado a sua educação primária quando foi recrutado para a luta de libertação. Sem nada em termos de cérebro, ele apresentava-se com sadismo e intimidação. O interrogatório tinha que ser acompanhado por um golpe nas nádegas com um chicote ou uma chapada na cara, mas ainda assim ele era chamado de Comandante de Segurança do

Campo. Era ele quem tinha que provar a inocência de cada recém chegado. Embora dependesse dos humores, que eram instáveis, você era considerado inocente se fosse um homem, e de seu nível educacional ou inferior. Se você fosse mulher, mesmo se a intenção dele fosse dormir com você, primeiro ele tinha que encher-te de medo, mas se você fosse um pouquinho mais educada que ele, tinha de ser severamente espancada, o que tornava mais fácil para ele agredi-la sexualmente mais tarde, já que ele diria que a atiraria de volta a prisão se você resistisse. Como ele era o homem responsável, ninguém, nem mesmo o Comandante do Campo, podia desafiá-lo.

Foi o mesmo homem, Nyathi, que mais tarde foi rebaixado da linha de frente, depois que vários bravos agricultores reclamaram que suas mulheres e crianças estavam sendo abusadas sexualmente nos acampamentos base no regresso a casa. Ele se vingou desertando e mais tarde liderou um batalhão de soldados rodesianos com carros blindados para massacrar refugiados em Nyadzonia, o campo de refugiados desprotegido onde ele era conhecido como um Comandante.

Na sua chegada ao acampamento, ele soprou o apito de emergência, que significava que todos deveriam ir imediatamente ao ponto de encontro. Vendo os camiões militares, muitos deles pensaram que a Frelimo tinha finalmente providenciado transporte para transferi-los do acampamento, no qual estavam entediados, doentes e famintos, para outro campo para treino militar. Nyathi esperou até que a maioria das pessoas voltassem dos seus pontos de água, a área de construção do quartel, cozinha e tarefas de limpeza. Um apito de emergência significava que mesmo os doentes tinham que comparecer ao campo de exercicios. Nyathi ficou na frente, acenando e alguns dos refugiados cantavam canções revolucionárias enquanto esperavam que todos chegassem. Dois atrasados passaram correndo directo pelos carros blindados e imediatamente notaram que os homens atrás do volante eram brancos que se tinham pintado, mas esqueceram a parte de trás de suas orelhas, que ainda mostravam um branco chamativo. Bravamente eles correram, directo no meio da multidão gritando mais alto que a voz de Nyathi. - "Corram, Corram, fujam, camaradas! Não é a Frelimo! São os rodesianos! Fujam! Fujam! "

Como resposta, Nyathi pulou da plataforma em que estava de pé e instruiu os rodesianos a atirar. Pessoas, em massa, foram simplesmente ceifadas, sangue a jorrar delas como muitos tubos furados. Entre os corpos espalhados e sangrando, Nyathi observou alguns que começavam a fugir para longe do caos rastejando, e sádico que era, ele instruiu os rodesianos a dirigirem seus carros sobre os corpos para esmagar os sobreviventes. O batalhão saiu em conjunto, como se estivessem arando um campo, esmagando os mortos e os vivos. Quem tentou fugir levou uma bala nas costas. Uma mulher que sobreviveu disse que ela rolou para trás para se deitar entre aqueles que foram esmagados, e cobriu-se com sangue, deitou-se e assistiu Nyathi e seus rodesianos completarem sua missão. Claro que os sortudos correram para o mato o mais rápido que puderam. Muitos deles nunca voltaram para ver o que havia acontecido. Aqueles que sobreviveram geralmente ficavam cercados por mortos e feridos, temendo que se eles se levantassem, seriam abatidos. A mulher que conheci gritou por socorro no dia seguinte, depois da chegada da Frelimo. Ouvindo a voz de Nyathi, alta e estridente, lembrei-me imediatamente de como eu vim para a prisão. Quando eles chegassem a um acampamento militar, recrutas eram obrigados a escrever uma breve sinopse de suas vidas, se eles não pudessem escrever, eles tinham que dizer a alguém que escrevesse para eles. Se você tivesse ido voluntariamente, você teria que explicar porquê você decidiu se juntar à luta, se você tivesse sido recrutado pelos camaradas e trazido através da fronteira para Moçambique, você geralmente escapava do interrogatório. O processo era chamado de " três check ups ", mas eu nunca soube o que isso significava. Se o comandante de segurança ficasse satisfeito com sua biografia e explicação, você seria liberto, mas se não, ou se ele quisesse você por outras razões, você se encontraria na prisão. Nyathi me pediu para escrever minha autobiografia e apresentar as minhas razões para decidir aderir à guerra de libertação. Eu perguntei a ele se eu deveria fazer isso em inglês ou Shona.

-" Tanto faz! " disse ele." Eu sou formado para ler todos os tipos de idiomas através da palavra". Escrevi a história da minha vida, em Shona, inocente e empolgada. Eu era uma de três: havia duas mulheres comigo que tinham sido auxiliadas em todo o Zambeze por um camarada. Sem nem olhar para seus papéis, ele disse que elas estavam livres para ir e se juntar aos outros no quartel. Quando chegou a minha vez, ele arrancou meu pedaço de papel de mim, fingiu ler e perguntou até que classe eu tinha estudado. Eu disse a ele que havia parado na nona, um ano antes de terminar a 10ªclasse e ele ficou louco. - "Você não escreveu a verdade," ele gritou, e me empurrou da sua cama de casal de capim. Eu vi estrelas em plena luz do dia. Eu estava tão chocada que eu não derramei uma lágrima, mas olhei para ele, meus olhos arregalados como um zumbi.

-" Por que você deixaria a escola e todo aquele conforto para vi
para o lugar de sofrimento e morte? "

Ele não me deu chance de responder, mas deu-me oito cha-
padas, primeiro numa bochecha depois na outra. Então ele m
disse que ia me levar a Mbuya Nehanda, onde o líder espiritua
poderia ler a verdade.

Eu sabia tudo sobre Mbuya Nehanda, o espírito médium qu
foi executado em Salisbury em 1898 por lutar contra os coloni-
zadores. Fiquei aliviada, senti-me assustada e magoada pela raiv
e golpes do Nyathi , que vieram como um choque. Mal sabia e
que não havia nenhum líder espiritual , apenas uma prisão. Segu
Nyathi até sua cabana, que estava vazia. Cogumelos pendurado
na madeira, ilustrando que o lugar tinha sido abandonado por al-
guns dias. Não havia Mbuya Nehanda, apenas um sujeito sentad
cinco metros da cabana sem fazer nada. Nyathi tinha me lançad
na cabana, onde me sentei sem fazer nada e não conseguia dormir
Lágrimas derramei, quando me lembrei das oito chapadas sérias em
minhas bochechas, quando tudo que eu pensei que tinha feito fo
fazer o que me foi dito - escrever minha autobiografia. A caban
parecia muito, muito longe da luta de libertação de meus sonhos
Sons de música marcial vinham de longe enquanto os camarada
marchavam para a cozinha para o almoço. A comida era escas
sa, boa comida não existia. *sadza* era uma iguaria, especialment
acompanhada de feijão, não o feijão do mato que costumávamo
chamar de *ndodzi*. Nossa refeição principal era grão de milho cozi-
do em sal, o que nos deixava com sede, ou apenas ndodzi em sal
ou uma mistura de ndodzi e *mangai*, grãos de milho fervidos. Ma

nós os prisioneiros sempre teríamos comida. Um dos guardas ia para a cozinha, pulava a linha e trazia a nossa comida. Outras companhias podiam simplesmente ser informadas que " a comida tinha acabado", antes que tivessem sido servidas. Se eles estivessem com sorte, seriam servidas primeiro na próxima refeição. Havia duas refeições por dia, excepto para os comandantes, geralmente conhecidos como chefs, e às vezes até tomavam chá com pao, pão Moçambicano. Os comandantes tinham uma cozinha separada com cozinheiros diferentes. Era um privilégio para sua companhia estar de plantão na cozinha da casa dos comandantes, pois mesmo que você nunca tivesse sido escolhido para cozinhar, alguém poderia esconder algumas sobras para o quartel. Eu nunca fui selecionada para cozinhar na cozinha dos chefs, já que fui considerada suspeita. Eles diziam que aqueles que foram interrogados e presos como suspeitos inimigos envenenariam os chefs. A paranóia era galopante, mesmo assim. Suspeitos faziam as tarefas difíceis de buscar caniços e postes para construção, cavar latrinas e sachar nos campos do acampamento. A comida era uma questão séria, mas interessante devido às táticas que as pessoas desenvolviam para tentar obter mais. Se você fosse pego, você era espancado até você gritar todos os nomes dos seus antepassados. As pancadas, entretanto, não impediam ninguém, havia até mesmo pessoas que eram conhecidas por sua destreza em adquirir alimentos extras. Havia alguns moçambicanos nas aldeias vizinhas, e pessoas que vendiam suas roupas, ou roupas que haviam roubado de outras pessoas, por uma ou duas espigas de milho, pao, tabaco ou sadza. Muito raramente comíamos carne, e quando um animal selvagem era morto, ninguém nunca perguntava que tipo animal era.

Cantar e dançar faziam parte de nossas atividades diárias. Nós cantávamos pela comida, quando estivéssemos esperando pelo chef, quando alguém estava sendo espancado, ou quando esperávamos por anúncios. Música era uma estratégia de sobrevivência, dançar mantinha nosso moral alto. Nós cantávamos e dançávamos nossos problemas para evitar o desespero. Claro que havia momentos que alguém pudesse reservar um tempo para compor uma música ou cantar com verdadeira alegria, mas principalmente a música era uma válvula de escape para nossa dor.

Quando Nyathi entrou na cabana, todos de repente ficaram alerta. Ele ordenou que o guarda trouxesse um pequeno banco, para que ele pudesse sentar-se e conversar connosco. A porta do saco foi levantada e dois outros homens vieram com ele. - " Sim, senhores e senhora! vocês estão prontos para nos dizer a verdade agora"? Deitei de lado, minhas mãos apoiando meu corpo já que minhas nádegas estavam inchadas do espancamento anterior, o que causou meu desmaio.

-"E! - e! - e! - e! e! sente-se bem, prostituta! Não aja engraçado aqui, eu também sei que você andou se prostituindo para aqueles soldados da Frelimo antes de chegar a base! " Gritou Nyathi. Eu tive que sentar-me erecta e fingir que não estava com dor e que meu corpo não estava inchado.

" Eu trouxe meus dois associados cujo trabalho é lidar com qualquer um de vocês que decide desperdiçar meu tempo, "- disse Nyathi enquanto pegava o nariz dele. " Quero que cada um de vocês narre sua história como deve ser: sem mentiras, sem exageros e sem omissões. Meu nome é Nyathi, o búfalo no comando. Eu faço meu trabalho como trabalho". ' Mas antes que a primeira pessoa pudesse pronunciar-se, um camarada veio correndo e disse a Nyathi que ele era procurado com urgência pelo comandante do acampamento. Ele saiu e os dois homens o acompanharam. Eu sabia que não era o fim do nosso sofrimento, mas proporcionou um alívio temporário. Além disso, sua presença ajudou a estimular alguma comunicação entre nós. Começamos a perguntar nossos nomes um ao outro e a fazer piadas sobre a maneira como nossos rostos foram desfigurados. Um dos homens havia se apelidado de Che Guevara depois do famoso boliviano lutador pela liberdade que trabalhou com Fidel Castro. Ele estava em seu segundo ano na Universidade da Rodésia, e tinha sido expulso após um protesto estudantil contra o regime Smith. Ele tinha lido sobre socialismo e capitalismo, e entendia melhor das questões políticas gerais dentro e fora do Zimbabwe do que qualquer um de nós. Che sussurrou: - "Você é a única mulher aqui. Quando fomos trazidos, pensamos que você estava morta porque você estava inconsciente por muito tempo. O segurança nos disse que eles tinham acabado de dar-te uma boa porrada e nos avisou que se não contássemos a verdade, o mesmo aconteceria connosco. Agora escute com atenção, Ticha, você tem que criar uma história, caso contrário, eles vão esmagar-te". -Você criou uma história? - Eu resmunguei. Ele olhou para mim. eu tinha perdido minha voz e não conseguia lembrar como. Eu tinha chorado muito, mas não fora alto, então eu me perguntei como tinha ficado sem voz. Os outros prisioneiros ouviram com atenção, mas nenhum deles contribuiu. Che disse que já havia sido espancado o suficiente e não aguentava mais. " Meus pais nunca me deram uma chapada ou beliscão. Então, juntar-me à guerra e ter meus próprios camaradas me batendo sem nenhuma boa razão é demais pra mim"! - Che ficou em silêncio." Ticha, você deve inventar uma história e contar a esses sujeitos que você foi enviada pelo inimigo, caso contrário, você vai morrer nesta palhotinha". Balancei minha cabeça sem dizer nada. Eu ainda achava que era errado contar mentiras. -Você inventou uma história? - Perguntei roucamente pela segunda vez. Che apenas acenou com a cabeça, mas não explicou o que era. Eu perguntei aos outros se fariam o mesmo, mas eles apenas olharam para mim como Zombies. Eu não poderia dizer se eles entenderam minha pergunta ou não, mas eu sabia que eles ouviram o que eu disse porque todos olharam para mim. Nyathi voltou depois do almoço e começou dizendo ao guarda que quatro homens que tentavam escapar para a Rodésia foram apanhados e trazidos de volta a Tete por vigilantes da Frelimo. Ele disse que eles seriam espancados até à morte. Che olhou para mim como se dissesse: " vê! Eu disse que essas pessoas vão matá-la se você não fizer o que elas querem". "Tudo bem todos vocês se sentem-se bem e recebam seu aquecimento antes de começarmos um negócio sério"! -gritou Nyathi enquanto se sentava no banco. "Dê a cada um deles cinco golpes nas nádegas, Chombo. Leva o pau maior ". Chombo, seu assistente, conhecia o procedimento. Estávamos proibidos de proteger nossos corpos com as nossas mãos. Se você o fizesse, você levava uma paulada extra. Eles disseram que o partido precisava de mãos para carregar armas para atirar no inimigo, e se você aleijasse as mãos, você se tornaria um fardo que teria que ser carregado por outros camaradas. Che foi o último a ser espancado. Depois de dois golpes, ele gritou que ele tinha algo importante para dizer a eles, então eles deveriam parar de bater nele. Nyathi instruiu Chombo a parar, e até nós, ainda com a dor penetrando lentamente em nossos sistemas nervosos, fomos forçados a ouvir. O interrogatório não era privado. Chombo pegou uma caneta e papel e começou a tomar notas. "Fale alto e claro. Eu não quero ter que repetir: O que você disse?" Nyathi disse desagradavelmente. Che começou a narrar sua história bem elaborada. - "Meu nome é Che e eu nasci em 1955 em Rusape. Fui enviado aqui para fazer algum reconhecimento e ver como os camaradas estão organizados, onde eles ficam, o que eles comem, quantos existem e que tipo de armas eles usam. Eu pertenço a um partido chamado MRAFC, que significa Movimento Revolucionário Africano Furacão Comunista, que é liderado por um professor negro na Universidade da Rodésia. Temos mais de dez mil soldados com cinco mil em treinamento na União Soviética, três mil em Romênia e dois mil em Cuba. Até agora nenhum dos soldados está ainda no país". Depois disso, Che começou a chorar. Lágrimas escorreram suas bochechas e não conseguia parar. Eu não entendi porque ele estava chorando, porque sabíamos que ele estava mentindo, já que não havia tal partido. 'Talvez ele se sentisse culpado por mentir', pensei, me perguntando como alguém poderia possivelmente acreditar num partido chamado CHARM. Quanto mais eu pensava isso, mais engraçado parecia, e uma súbita explosão de risos escapou do meu corpo.

"Dê dois golpes nela, Chombo. Pegue naquela tesoura e faça uma cruz no cabelo dela, de orelha a orelha e da testa até à nuca e depois veremos se ela continuará se achando bonita. Você se acha especial? Do que você está rindo? você acha que isto é um circo?"

"Não! Não! Não, camarada, me desculpe, simplesmente aconteceu". Eu ainda recebi os dois golpes extra e um corte com quatro divisões. Mas Che foi dispensado da pancadaria embora não tivesse permissão para voltar ao quartel. Che estava no segundo ano da universidade. Ele entendia algo sobre o comunismo, e certamente mais do que eles. Ele tinha sido detido porque disse a eles que tinha sido um estudante universitário. Ingenuamente ele pensou que sua alfabetização seria útil para o exército de libertação. Em vez disso, ele sofreu por isso e nunca chegou a comandante da seção.

Três dias depois, nós cinco, incluindo Che, fomos levados a uma multidão de oito mil pessoas. Disseram-nos para ficar na plataforma e cada um de nós teve que contar aos camaradas como tinha sido enviado pelo inimigo para destruí-los. Cada um teve que contar sua própria história e então pedir perdão. Eu tive sorte porque ainda não tinha voz, então Nyathi teve que contar minha história em meu nome. Já que eu tinha insistido que eu era inocente, ele disse a eles que eu ainda estava sob investigação, mas o meu outro crime foi andar com soldados da Frelimo em Tete. "Em vez de vir lutar pelo Zimbabué, ela veio dormir com a Frelimo.

Estamos dando exemplos com estas pessoas como temos feito e faremos de novo, porque todos são os olhos do partido, então continuem verificando. Observem essas pessoas e observem outros espiões e traidores". A partir daquele momento eu não pude mais levar o serviço de defesa a sério. Tudo que eu sabia era que eles odiavam qualquer um que tinha ido à escola e só se sentiam confortáveis com camaradas analfabetos.

FREEDOM NYAMUBAYA

NDRANGA YEYI NYA LISIMA

Tsalu wunga turokedzedwa gukhugela lidimi nya gingiza kala lidimi nya Gitonga, khu Egas Canda

Wuronga wuvbodzide wupwala khanga gyamba nyaguvbire gyagubani nagiri mulisoni la nyambadi. Nyinani matshigu mararu nyagumba gyedzwa khu lihani la tigungulu Afrika, mwendro gufurumedzwa khu mayi. Nyidingari gukhendzuga, ulolo ligovbe lakone khalanga hwela, kuveni wutshigu watshavbu khanyangamana ligovbe, gambe nanyi embelelela khu monyoni. Nyinyidundrugidego mavbohedo yangu ga wulanga wulw, aha olu, nyidivaledwa khu gighelo ginganyi vbohisa, aha olu nyisi dundrugi mavbohelo yangu ga wulanga wule nyingabani nyiri avbo, aholu nyidi divaledwe khu givangelo ginganyi yisa. Nyidigupwa miketo, sikohola, miwatshimulo ni mihahamulo.

Womo angabani agira gukhwatshi womo vbamapalisanatunu nya gusudzetele khu dzikhona dzatshavbo. Aholu, hatshavbo hidi degude, hethu kape, gudiga vathu vavili vangabani varomo vbavbandzi vahighadha.

Nyinani livbandre na mweyo dziora nanyi tugude nyagukheni nyagu ghadhwa, gikhathi nyinga vbweta guhongola petoni. Nyidigudzipwa gukhwatshi nyidiri ni matshigu nanyisi ya dzirumi, njombo kholu hingamba ningwa gilo nyagu hodze, simbari nyagu selele.

Nyiwugidego nyikhafulela, simbari mugidemani, khanyanga vbweta guwonwa khu vakwanu. Ndzudzu wangu nya gutshomborogele nigusivbala, wudi kwalade, khovbe yangu yidigufana ni ndzogo yiguromo omu nya kudzudzwane. Maho yangu madi simbide. Nyidwanide gasi guwona omu nyingabani nyi hongola. Nyidi ambade ngandzu nyagu namegedzwe java, nyingabani nyi dzikhuzha khiyo, khovbe yangu, mawogo yangu, gumogo ni mawundru nayo madi phorode khu kudzudzwane ni ndzilo. Nyiwugide nyi dzega ndzila nanyi ndragedzela vangana. Khu ginani nyinadzikhathalelago khu esi vambe vathu vanyipimiselago, sikwandru va lade. Kuveni nyidigudzikhathalela, aholu nyi egi ginganyi vbindrugedzisa, khugu nagu nyenyezide ngudzu, gukhalela misisi yangu mugibarakanani.

Moyo nya dzighadhi apolomba khuye: lomba waguvbweta guhongola wulangawu. Mumbe nyagu pwane khu Muchapera, sithulago khu mambe maganelelo gupwani "una vbedziswa aganela khuye "avba". Adzegidego lipulangu laye linga vatwa lifana ni giphisa anyi vbwegedza petoni.

Gikhathi gyatshavbo vadigu gimbilagimbila vathu petoni, simbari mugidemani, khu gimbe gikhathi gighelo narisindri gudziruma basi. Guganedzisana nya muganedzisane, gudigu himbedzedwa mavathuni, aholu, petoni gudiri wulanga nyaguya manane khu sihalo.

Khu gimbe gikhathi waguvbweta guthava mwendro guhefemulanyana thumo, ni gutshukumba, gudiri wulanga nya wadi nya guya sihale. Khuguralu, petoni gudiri wulanga ungabani uya bhula nyambana mivbingano, adirimwalo muthu nya guhimbedzele guhongola, aholu, gudigutshuka ukawukwa gupwani "uyavbiredzela esi uyathumago, waguvbwetega vbavbandze ndrani nya dzimeneti dzimbili".

Nigudziti khanyangabani nyidziti, aholu wule nya ghadhi adi emide vbavbandzi khu gikhathi gile nyingabani nyi hefemulanyana, anyi embela khuye nyidiri djele. Aganede gambe gukhuye isoso sidigumuthela dzitshoni, khaguva hidiri sisumbudwa sa khikha wawumowo, abe anyilomba khu wuhindzi gukhuye nyina ganele kheni nyi marumekane wa nala, vanganyi pfungurusela marago. Ganede gambe khuye, mwalo adugago avba nasi dawuleli, aholo, ungatshuki uembela gilo muthu. "khawunyiti", khu lisine khanyangatshuka gambe nyimuwona. Uye anyamaladede nanyingasimuxamuli malitu yaye.

Nagugide, nyitude liso, la nyambade, nyidigurutanyana marongo. Khavbo nyinga tugula gukheni gasi nyinani vama vana vatshavbo vangabani vagira gukhwatsi vatade khu kudzudzwane, gufana ni eni. Khu hwane moyo wawe anyi embede gukhuye avbohide atanyimana nanyi dzimide khu gikhathi nyagulaphe. Nyididivaledwe satshavbo, aholu, nyaguvalela matshigu nyitugude gukheni mavbindride matshigu nya mangi guvbindra aya nyimadundrugago.

Gudingari dzimindru, omu nya livbandre nadzimbili dziora, dzi ghadhi dzadzimbili dzidigubhula nadziri khu pfuka nya livbandre dzi ndronga kala vbamwanyatunu. Lihani lidigu gendza, lipfhotxhola khu mule nya mawonewone nya dzindzari nya libaraka nyaguvbahwe khu mwasi. Lidimba lidiri nya saku nya kaki, eyi khu giolovedzo vangabani vathela khumo sivbila. Lidigu kenegela gipimo nya likhumi dzi sentimetro khu vbavbatshi, lidigu tsikela khu hwane kala mbeli lagu guvbutedzwa khu phuvbo yingabani yifurugedzwa khu dzikhona nyaguhambane.

Khu ngima nya Mahure ni owu nya mawuwane gudigu vbisa nigu furugedza phuvbo, wulanga wule gungabani guhevbudwa wusotshwa ga khikha wa Tembwe magabini ya gipandre ngulo gya Tete, tigoni ga Mosambiki. Mahema nya mafu nyagu bange mavbiyede gibarakana gile nyagu pfhuledwe khu magewo. Mafu nya gubange mabede libarakani mule nyagupfuledwe khu mwasi. Dzikhovbe dza vama vale nya vana khadzangabani dzi wonega gwadi dzatshavbo, mugidemani, aholu, nyidiguwona wusiwana mudzikhovbeni gwawe. Nyi zamede guvahegela, moyo ni moyo, aholu, mwalo anga xamula, nyizama guvapopola khu vbafuvbi, gidirimwalo gyagugira, aholu, va ndreyiside dzikhovbe dzawe khu guvbiredza, vadigufana ni sithusa, vathisa, sigundru sawe, sihofu, gumogo ni maho sidi vbindrugedzide. Thonbvu nayitade khu kudzudzwane ni nguma.

Moyo wawe, adi gugumugide gihofu gya vbavbatshi, gisimba, givbevbuga, mumbe adi simbide giwombo, gigira khwatsi gina thegela maho, gufana ni dzimova dzile nya sitirimandzi, nyagu vbagele silo khu pfhuka nya wukhongolo, gipangwa gyakone giguri vbatshani. Mumbe angabani arikhwatsi nandra, gavatshavbo, maho yaye madi simbide ngudzu gufana ni ayo yangu. Khanyangabani nyi dziti gukheni angu wona mwendro kha woni. Adigu fana ni vanyakhele vatalago musiwindrini khu migima nya maronga. Nyikuhide maho yangu, nanyi pimisa gukheni nyingu fana naye, nyifa khu mahego, hidiri vanyakhele vavili, aholu nyidigu tumba gukheni eni nyidi mburide gumupala. Mahego yangu madigugira khwatshi, mana pandra sibwindzi nya jelu, khu hwane vatshavbo va tshanganide. Khavbo gunga hugu zwee nyaluphya.

Oyu nya wuraru adiri uye mburi yakone, thombvu yaye yidigu fana ni iyo nya githombe giranwago gupwani khu "JoJo the Clown", satshavbo nasi khugede avbo nyagu dwane bokse ni ghadi. Gimbe gibotshwa gidzuwulugide gi nyi khedza nya dzadi. Makhalelo yaye adigu khwatshi adidzi dongisede gasi gu dhumela oyu amanegago agusikodza.

Naguri gikhathi nya livbandre na dzina dzi ora, hi hakhide lipfhumba la muthangeli nya dzighadhi, adigugira ligwaha agubani aganela, ga satshavbo angaganela, gimwalo nyiagidundrugago nyaguhevbudze, nyaguvbanyise, mwendro nyaguvbahe guvbanyani. Aganede gutshanisatiri, asapatela vavbanyi va vbale, khanga gungabani guri giolovedzo, gutshanisa vakwanu, adingasi vbedzi sihevbudzo nya gighava nyaguphele, gikhathi anga ranwa gasi guya landrela wusotshwa nya gudwane khu khululeko. Wongoni gwaye gudiri liphanga, adandride khu guthusedzela ni tshanisa. Agugu gira siwudziso udi wudzisedwa nawugu khinyedwa maragu, khu mboma, mwondro guthedwa pama khovbeni, simbari khu kharatu adiri uye muthangeli nya dzighadhi dza khabini.

Khuye angabani alamula vapfhumba. Sidigu gimbilelana ni, gutsaka mwendro gu swireka gwaye. Udirimwalo nandru wagubani uri mwana, mwendro wagubani, nawasa hevbula kala hwindzo. Wagubani uri nyamayi, simbari agubani aguvbweta gulala nago, adigu phela khu gugu thusedzela nya dzadi, aholu, wagubani uhevbudinyana gumuvbindra, gudivbwetega gupadwa. Adigudongisela, gasi gu khu hwane gakone atagupfinya khanga gi olovedzo, aganela khuye wagubomba nyinagu bweledza djele. Kholu uye angabani ari muthangeli, mwalo angabani adzikodza gubomba esi angabani aganela, simbari mowoneleli nya tshengeledzanu wule nya masotshwa.

Khuye gambe, Nyathi, anga luza wuthangeli, hwane nya matshigu khugu vavbweri nya vangi va mamagabini navadzikhade gukhavo vagadzi vawe ni sanana sawe vadigu dhumedwa nigu pfinwa, omu nya marembwe, ni ndzilani nyaguye gaya. Khugu svireka, abhangude wusotshwa, khu hwane athangede gikwata nya tanga nya livbandre mazana masotshwa navari ni dzimovha nyagumba podwa nyamupodwe khu siphisa, gasi guta sasela vanyagu thava nyipi ga khikha wa Nyadzonia, gungabani gurimwalo dzighadhi, avbo uye angabani atidwa khanga muthangeli nya masotshwa.

Guvboha gwaye vba tshengeledazutunu wule, awombide pitula nyagu khuye gihangide, mawobelo vamathumisago gyagubani gihangide, isso sithulago gupwani vatshavbo vaguvbwetega guya tshangana khu givbiredza. Khu guwona sitirimandzi nya dzimova nya masotshwa nyavangi vadigupimisa gukhavo vana Frelimu vahegiside khugu vavbwetela dzimova gasi gu vata vadzega vaya wumbe tshengeledzanu nya masotshwa, gudiga vbale vangabani va tshaniseka khugumbana gilo nya gire, ndzala, ni madwali. Nyathi avirede gwadi gukhuye vatshavbo vawuya khu sava, guphulatunu, vanyagu agisela. Guwombwa pitula nyaguraniswe ku givbiredza gudigu fana nigupwani simbari vadwali vadigu vbwetega wulanga wule mangabani magira avbo tshololoko masotshwa.

Nyathi adiri khu mbeli ga vanyaguthanga gagikwata gya vanyagututuma nyimbi nava embelela dzindzimu nya guvbindrgedze mavbanyelo, navagu virela gukhavo vana vbohe vatshavbo. Vanyagututuma nyimbi vangabani vagedwe vavbindride khu vbakari nya sitirimandzi va tugula gukhavo vathu vale vaguromo mudzimovani mule vatsungu vanga dzi phorodzela silo nyagusivbale hungoni ni khovbeni, vadivaledwa khu guphorodzela hwane nya dzindzeve dzingabani dzinonedza gukhidzo avo vatsungu. Vamanidego tshivba vatutuma va tsemakanya khu vbagidzemotunu navagu polomba gukhavo khu nyati, tutumani muthava, vanagyathu, khandri vana Frelimu, Ava pha Rodesia, thavani, thavani.

Khu vbale nyathi andragide khu mugipangwani nya gitirimandzi gile angabani aemide umo, nagu embedzela vangana vaye gukhuye vana vbophose. Vathu nya vangi vasaseledwa, sirumbi ni novba sidi mbambamede vbavbatshi, gukhwatshi midi vbophoga miphayiphi. Khu vbakari nya sirumbi sile singabani simbamanede nigurutelela novba, Nyathi, awonide khu hwindzo vambe vangabani vangagu vbanya vatshaniseka, uye angabani ari ndzilu nya muthu, arumide vangana vaye gukhuye vanapfarelele khu dzimova vale vangabani vangagu vbanya.

Gikwata gile nya masotshwa khu gumogo gidzuwulugide khanga gukhwatshi vagu asa likhabi, vapfarelela sirumbi nivanyaguvbanya, avo vangabani vazama guthava vavbophoswa khu hwane. Nyamayi moyo angavbuluga aganede gukhuye adiwumbulugide alala khu nyagihwane khu vbakari ga vale vangabani vapfaridwe, adziphorodzela novba abukela Nyathi nivangana vaye nava vbedzisa thumu wawe.

Vale vangabani vari ni ndjombo vatutumide, vaya khabini khuguvbiredza. Nyavangi vakone khavanga tshuka nava wide gasi guta wona esi singabani sidugelede. Wule angavbuluga, adi randredwe khu sirumbi ni vanyagubaisedwa, nagu thava guvbophoswa agukhuga. Nyamayi wule adziti gukhuye litshigu linga landrela va polombide navagu lomba giphaso hwane nyagu nava vbohide vana Frelimo.

Gikhathi nyingapwa litu la Nyathi, nagu polomba nali paya mudzi ndzeveni, nyi dzedzede gudundruga edzi nyingata khidzo djela. Gikhathi vangata tshengeledzanutunu, vale vangabani vaguta hevbula wusotshwa, va embedwe gupwani lovani vbadugwana mayelanu ni guvbanya gwanu, wule asi kodzigu gulova adigu embedzela mungana alovetela. Wagubani uhathide mavbanyelo yale, gudigu vbwetega gu ganela gighelo gingagu dzega guya bela nyimbitunu, wagubani ugimbide urwadwa khu vambe vathu ureswa khu vbinganuthunu ni Mosambiki, udivbulugide ga siwudziso. Tuhumu wowu wuranidwe gupwani "wuwoneleli nya mi UPS miraru", aholu eni khanyanga tshuka nanyi dzitide gukheni saguthula ginani.

Agukaza muthangeli nya dzighadhi a tsakiswa khu matimu yago ni mitshamuselo yakone, udivbulugide, aholu, agumbatsakiswa khayo, mwendro agubani aguvbweta khu gimbe givangelo, udiyimanide vbale djele yago. Nyathi anyilombide gukhuye nyina love matimu yangu, nigu nyimuninga givangelo ginganyigira gu nyiya dziningela nyimbitunu nyagudwanele khululeko. Nyimuwudzisi-de gukheni vbwetega gulova khu gingiza mwendro khu gishona. "Edzi udzinago khidzo", khuwo shamulu anganyi ninga, "nyingu kodza guhevbula madimi yatshavbo". Nyilovide matimu yangu khu gishona, muwukhumuni gwangu, ulolo nanyi tsakide.

Hidiri vararu, nyidiri ni vanyamayi vavili vbale, hihetedzidwe tsogoni wa Zambeze khu moyo nya givbango nya tshanganu wule. Khanga vbweta gudziti gukhuye khu mani ni mani, adi dzegela guva embela khuye indrani muya patana ni vakwanu tshengele-dzanutunu.

Nagivbohide gikhathi gyangu, anyi wandrede lidangavila nyin-gabani nyilovide avbo, nyi zama gulipha gukheni nyaguli hevbula, anyi wudzisa gighava nyinga hegisa guhevbula eskwatunu. Nyimu embede gukheni nyihevbude kala gighava nyawuraru, nagugu ke-nelela mwaga moyo gasi gu hakha lidangavila langu nyagupwani uvbedzide gighava nyaguphele nya sihevbulo adzedzela guhandru-ga. "khandri lisine esi ungalovba", anyithesa vbagivbandratunu gwaye nya tanga nya mwama ni ngadzi, nyaguvbahwe khu mwasi. Nyidzegela guwona dzinyeledzi nagungari mihani, nyi khala hwan-ga nyi thesa lidoto limwedo nya marongo, aholu, nyimuronoga khanga girumbi.

"Khu ginani ungadiga mabhuku ni wurendra watshavbu gasi guta wulanga nya tshanisa ni gufa?" Kanyitshiyela gikhathi nya xa-mule, anyithede livbandre na miraru mipama, gigundru gimwegyo guphela, abhi nyi thela gimbe gigundru. Khu hwane anyi embe-la khuye ananyi yisa ga Madhala Nehenda, angabani ari nyanga nya vashona, angabani dhumba nigu ganela lisene. Nyidigudziti gukheni Madhala Nahenda, asongidwe khu mwaga nya 1898 khu gudwana ni gikolonyi.

Nyitshulegidego, nyikhla hwanga, nyikhunguvanyeka, khu mahungu ya Nyathi, gugowoledwa gule, gunga gira gukhwatshi nyagu ghwiritwa. Nyidigudziti gukheni nyanga yingabani yithudwa yidiri malipha, lipaso khilo lingabani liri lisine. Nyi hongode ni Nyathi, mugibarakanani, gingabani girimwalo muthu, sidiromo sibowa avbo nya mapulangu, isso singabani si thuledza gukhiso wulanga wule khangabani abela muthu khu matshigu ya gale.

Adirimwalo, madhala Nehenda, aholu adiromo mwama moyo khu hwindzo, nakhalede pfhuka nya livbandre dzindronga nyambana gyaguthuma. Nyathi adi nyi thxovhide nyi bela muginyumbanani, nyingaya khala nyambana gyathumu, nyisindrwa nigu lala. Marongo malandrelana, gikhanthi nyinga dundruga livbandre na miraru mipama nyingavetwa vbasigunrutunu nanyi pimisa gukheni satshavbo nyingagira khesi nyinga rumwa, agu gulova matimu yangu. Gibarakana gile gidigu khwatshi gidiri hwindzo ni nyipi nyagu dwane nigu tshusega wongoni gwangu. Ligwaha nya dzindzimu dzingabani dzigu embwa khu masotshwa namagu tshololoka navaya fixula lidigupwalela hwindzo. Guhodza gudiru gudugwana, gudirimwalo guhodza nyagwadi, wuswa nya pupu wudiri mafanjara ngudzungudzu gagubani guri ni dzinyemba dzakone khanyithuli dzimolimoli dzile hingabani hi olovede gukhetu ndodzi. Guhodza gwathu nya giolovedzo gudiri sivbila nyagukhonwe ni munyu gungabani guhi girela lidora, mwendro dzimolimoli nyagu khonwe ni munyu, mwendro gupatwa nya dzimolimoli ni mangai, dzingabani dziri dzitshota nya siuvbila nyagu khonwe.

Aholu, ethu sibotshwa basi gikhathi gyatshavbo hidiri ni guhodza. Moyo nya dzighadhi aguya kuzinyani hidigu ndraga libhiyo hiya dzega guhodza gwathu. Mimbe mitshawa midigu embedwa gupwani: guhodza guvbede, navangasi phamedwi, vagubani vari ni ndjimbo, gagugya vadigu phela khavo guphamedwa. Gudiguhodzwa guvili khu litshigu, gudiga vakhongolo, vangabani vagutidwa khanga *vaphuli*, khu gimbe gikhathi kamwe vadigu sela tsaya ni dzipawu dza Mosambiki, avo vadiri ni likuzinha lawe gumogo ni vaphuli nyaguhambane.

Gudiri wurendra nya wukhongolo gu tsawa wago wuya phulela dzipfhumu, khaguva, simbari nawasa hathwa gasi guya phula, moyo nya vanyaguphula adigutshaledwa khu silo awuya naso tshengeledzanotunu. Khanyanga tshuka nanyi hathidwe gasi guya vaphulela, gyomo gikhathi vangabani vasinyi thimbi. Vadigukhavo vale vanga modwa va wudzisedwa simbari gukhothedwa vadiri valala vangabani vakodza guvathelela rendre nyagusonge.

Yidirimwalo themba khulisine, simbari khu khatratu, vanyambathembwa vadigu gira mithumu nyagugaradze khanga guya handra mwasi, misimbu nyaguvbahe khiyo, gukela sikoti, guagisela likhabi vbatshengeledanutunu.

Guhodza gudiri gilo nya gikhongolo, khu mahungu nya makhinga mangabani magulugwa gasi gu kodza gumana gumbe. Wagu tshuka umanwa udiya nongodwa kala uwomba huwa khu malina ya valongo vago vatshavbo ungabani uvatshide gaya. Guvetwa khaganga vbindrugedza muthu vadiromo vathu vangabani vagutidwa khu mahungu nya makhinga yawe nyagu vbwete gumbe guhodza.

Vadiromo vathu va mosambiki, vbafuvbi ni mughanga wule, vathu vadiguvayela vaya varengisela guambala gwawe mwendro ogu vangaba gasi gu vahakha givbila gimwegyo, mwendro sivili, simbari gibaba, fela, mwendro wusa. Gudigukala guhodza nyama, gambe gyagutshuka gisongwa girengo nyalikhabi, mwalo angatshuka awudzisa gukhuye girengo muni.

Hidigu embelela niguhana matshigu yatshavbo. Hidigu embelela hyaguya hodza, hagu bani hi virela muphuli, agubani anongodwa muthu, mwendro hagubani hi virela sitiviso. Litembo lidiri ilo makhinga nya guvbuluge, guhana gudi hininga tshivba. Hidigu emba niguhana, sithukamedzo sathu gasi hisi pilegi longo. Gidiromo gikhathi muthu ni muthu angabani akhala ahingigedza abe alova dzindzimu nya gunengele gwaye, aholu gikhathi nyagulaphe litembo lidiri ndzila yathu nyagu divale tshanisa.

Gikhathi Nyathi angabela muginyumbanani, vatshavbo vadigudzidongisede. Arumide ghadhi gasi guta ni gikhalo, gasi guta khala khavbo, hibhula. Lidimba lile nya saku lidi khusedzidwe, gambe, a bede ni vama vavili. Madzaha ni mbiri ina olu mudzidongisede gasi guganela lisine ke? Nyi namide khu limbambu, nanyi patide mawogo mugivilini, maragu yangu madi simbide kholu nyinga nongodwa litshigu hwane, kala nyi dzima. Eh!e!e!e!e!e! Ngakhala gwadi bedzwa wewe. Khandri gugiretela silo sago nyagu nyagutidwe khuwe mune avba, nyingu dziti kheni anuwe udiguyadzikhala ni masotshwa yale yana Frelimu nawungasi vbohi *batalio*. Yoyo madiri malitu ya Nyathi. Nyidzigurumedzede kala nyikhala gwadi khanga gukhwatshi khanyanga simbelela.

"Nyidzude ni vama vavili nyithumago navo, gasi guta thumisana ni oyu ana dzinago gu nyidzegela gikhathi", khu Nyathi anga ganela nagudzipharedzela thobvu, nyaguvbweta gu moyo ni moyo wanu atshamusela matimu yaye khu edzi silumbegago khidzo, khanyivbweti malipha, khandri gu engedzela silo, simbari guvbungula, lina langu kheni Nyathi, mulivbisi nya dzinyari. Thumu wangu nyaguwu thuma khanga thumu. Aholu nangasi ganeli gilo oyu nyagu phele, adzude moyo nya givbangu nya tsawa wa Nyathi khu mazambu, ata embela Nyathi gukhuye aguvbwtwa khu muthangeli nya tshengeledzanu, khu givbiredza. Nyathi adugide, gambe vama vale nya vavili, valandrelela. Nyidigudziti kheni tshanisa yathu yidisivbohi mahegiso, aholu, gile gidiri gikhathi nyagu hefemulinyana. Gambe, guta gwaye guhiningide tshivba nyagu bhule khu gyathu, hiphela guwudzisana malina yathu, gumogo niguhitsorodzelana khu mahungu nya dzi khovbe dzathu dzingabani dzi tshungunugede.

Adiromo mwama moyo angabani adzi riyide lina nya khuye khu Che Guevara, agu mwama anga dwanela khululeku tigoni ga Bolivia, angathumisana ni Fidel Castro. Adigu hevbula mwaga nyawuvili nya sihevbulo, ga Universidade ya Rodesia, atutumiswa khugu napatanide ni tsawa nya sihevbuli singa nonedza gunyenya mufumo wa Smith. Adi hevbude mabhuku mangabani maganela khu mafumelo nya Kaptalismo gumogo ni ayo nya Socialismo, amamela ni guti gwadi mahungu nyagu gimbilelane ni mafumelo ndrani gumogo ni vbavbandze ga litigu la Zimbabwe guvbindra ethu hatshavbo. Che anyi lembede gukhuye: "uwe khuwe wekha nyamayi avba. Gikhathi hinga reswa hidigukhethu mwendro ufude khaguva udidzimide khu gikhathi nyagulaphe, dzighadhi dziganede gukhidzo vadingari gugu nongola nyadzadi, vahi tivisa gukhavo anethu hagumba ganela lisine vanahigira sasimweso. Olu engisa gwadi Ticha, vbweta guluga matimu nya malipha nya yadi gasi guva embela, unga pfungurusedwa".

Uwe udi lugelela malipha nya matimu? Kheni uyoyo nanyi ngurangura. Anyikhedzide, nyidifude litu khanyangabani nyi dundruga gighelo gyakone, nyidi lide ngudzu, aholu khandri khu guwomba huwa, khuguralu nyi dziwudziside gukheni litu langu lifede hayini.

Simbe sibotshwa siyiingiside gwadi, aholu, mwalo anga ganela gilo. Che aganede gukhuye adi nongodwe nya dzadi, gambe khangabani avbwetari gambe.

"Vavelegi vangu khavangatshuka navanyi vetide, mwendro gunyitsondra, aholu guta nyitadzi ningela nyimbitunu, nyivbweta dzipari, nanyiveteledwa nyagumbana nandru nyagupwale, singu vbindra esi nyi lumbegago gulivba". Che huye kape. Thicha, vbweta gu lugelela malipha nyagu uvavaembela, ukhuwe udi rumwa khu nala, ungafa muginyumbanani momu nya mwasi. Nyikutshungide hungo nyamba muembela gilo.

Nyidingagupimisa guvivba khu gu ganela malipha.' Udivalugela malipha? Nyiwudziside gungororatiri nyaluphye. Che akutsungide hungo basi, nasi tshamuseli gukhuye aguthula ginani. Nywudziside vambe gukheni anavo khiso vanagirago gani, aholu, avc khavanga shamula vadi nyikhedza basi khanga sirumbi. Khanyangabani nyi dziti gukheni vasi engiside mwendro khava engisa gilc ga esi nyinga ganela, khaguva vatshavbo vadigu nyikhedza.

Nyathi awide hwane nyagu fixule, ata embela dzighadhi gukhuye vama vana vazamide gubwelela Rodezia, vamodwa vabweledzwa Tete khu vawoneleli vana Frelimo. Nyathi khuye vanata nongodwa kala vadzima. Che anyikhedzide khanga gukhwatshi warikhuye hey, nyiguembede gukheni vanagusonga ava wagumba gira esi vasivbwetago. "Mwatshavbo khalani gwadi mudongisedwa gasi gu hibela omu nya wugwevi nya wukhongolo". Khu Nyathi anga polomba kharato nagu khala vbagikhalutunu. Moyo ni moyo vbweta gumuhima livbandre nya ugo vbamaragutunu, Chombo. Dzega khu ghomba nya wukhongolo. Chombo, angabani ari landza laye, adigudziti gukhuye magirelo khu mavbini.

Hidigu himbedzedwa guvhikela givili khu mandza. Wagu-phazama udi engedzedwa uhimwa gambe gumogo. Vadigukhavo ndrani nya tsawa wule mandza madiguvbweta gasi guphara siphisa uvbophosa valala, aholu, wagu komogela mandza una khala gi-dzumba givbwetago gurwadwa khu masotshwa makwanu.

Hegiside khu Che gupadwa. Hwane nyagu nahimidwe guvili apolombide khuye anani mahungu nya lisima gasi guvaembela, khuguralu, vana eme gumuveta. Nyathi aembela Chombo khuye ema guveta, simbari ethu nethu hingabani hingagupwa guvbi-sanyana hi nahinga hefemula vbadugwana, hi sipwide. Siwudziso khasanga girwa khu gisihadza, Chombo apharide kaneta ni li-dangavila aphela gulova. Khusedza lito uregera siilo nyagupwale. Khanyivbweti guguwudzisela gukheni "udikhuwe ginani?" khu nyathi angaganela isoso naswirekide.

Che aphede gusasamedzela matimu yaye angama luga gwadi. " lina langu kheni Che, nyi velegidwe khu mwaga nya 1995, ga khikha wa Rusape. Nyidirumedwa avba gasi guta holelela nyi wona edzi tsawa wowu wudzi dongisedego khidzo, omu mukhalago, esi muhodzago, vangani vaguromo, nigu siphisa muni musithumisago. Nyi givbangu gya tsawa wana CHARM, furacão comunista africano Movimento Revolucionário, wuthangedwago khu moyo nya muhevbudzi nya mulandre athumago universidade ya Rodezia. Hinani tengo nyaguvbindre likhumi maghidhi masotshwa, ayo, livbandre maghidhi madongisedwago União Soviética, maghidhi mararu, madongisedwago tigoni ga Romênia e maghidhi mavili vomo Cuba. Kala ni olu masotshwa yathu mangarimwalo omu tigoni gwathu.

Khu hwane, Che aphede gulila, marongo maxililika omu nya sigundru, asimama nyamba ema. Khanyangabani nyidziti gukheni agu lilela ginani, khaguva hidigudziti gukhethu agulipha, khaguva tsawa angabani awuthula wudiri wamalipha. "gomo gu nari odzipwa nandru khumahungu nya guliphe" khiso nyingabani nyisipimisa, nanyigukheni khu magirelo muni muthu akhodwa gukhuye womo tsawa nyagupwani khuwo CHARM. Gikhathi nyingabani nyipimisa, mahego madigunyitela khu gitshuketi, mahego mayedza khu gu vbophoga mugivilini gwangu. Munongole guvili, Chombo. Dzega gighero gile umupila ndzudzu giduga gihambanu, khugela ndzeve kala ndzeve, ubi uta khu giwobotunu kala makosi tunu, khu hwane hina wona gukhethu angagudzipwa nga mburi. Warikhuwe unani lisima? Wo hega ginani? Warikhuwe avba wulanga nyaguta hagane? Ahimhi, nyingudzithesa vbavbatshi, sigiregide basi nyagumbadzina. Nyi be nyi nongodwa guvili nyagutadzisele, gumogo ni gukabaniswa ndzudzu khu sipandre sina, aholu, Che alombidwe midivalelo kholu anga nongodwa, simbari anga himbedzedwa guwuya gambe tshengeledzanutunu.

Che adiguhevbula mwaga nyawuvili nya sihevbulo nya sikhongolo. Adi hevbude niguti gyagukari mayelano ni komunismo abe avapala. Amodwe kholu angava embela gukhuye adiguhevbula Universidade. Wupumbu waye, adigu pimisa gukhuye, guti gwaye gunamuthumela vbawusotshwatunu nyagudwanele. Aholu, atsanisidwe khuwo, gambe khanga tshuka nathangede simbari gikwatanyana nya likhumi masotshwa.

Namavbindride matshigu mararu hatshavbo nya livbandre, gumogo ni Che, hidzegidwe hiya gira tshohololoko nya livbandre na mararu maghidhi nya vathu. Vadihi embede gukhavo hinakhale omu nya gitirimandzi, hatshavbo hi embede sivbangu nya tsawa wule gukhethu hidirumedwa khu nala gasi guta vatshungunusa. Moyo ni moyo alugide malipha yaye, avo vahilomba midivalelo. Ndjombo yangu kholu litu langu lingabani linga fude, khuguralu Nyathi asasamedzede matimu yangu khu lina langu. Gukhugela gusindzisa gwangu nanyigukheni nyidirimwalo nandru, unye ava embede gukhuye eni nyidingagu kambwa, aholu, gighoho gyangu khugu gimbila ni masotshwa yana Frelimu ga gipandre ngulu gya Tete. Gudiga guwuya nyitadwanela litigu la Zimbabwe, uye adiya lala ni vana Frelimo.

Hagu yeyedza vambe vathu, khanga hitago nahi yeyedza, gambe hina simamago nahi yeyedza khaguva mwatshavbo mu maho nya mitshanganu, khu guralu, simamani namu wonelela. Wonelela vathu vava, ube uwonelena vanyagu holelela, gumogo ni va ndzundzwane. Gukhugela vbale khanyanga tshuka nanyi thembide vanya holodzo nya wuwoneleli tigoni. Nyidigudziti gukheni vadigu nyenva watshavbo muthu angabani ahevbude, vadigu dzipwa gwadi vagubani vari ni sivbagu sikhwatu nyagubani sasa bela ndrangani nya wuhevbvuli.

Khanyangabani nyi dziti gukheni hwane nya ngima moyo nanyi dugide khu djele girengo gyagimwegyo nyagupwani khu Nyathi ginata pfhotshola pfindri yangu adugela ni wukendzi wangu. Simbari naguvbindride likhumi na livbandre dzimeneti nyagudwanwe wughevengatiri.

Nyigambide gitsunu nya nyama nya litumbi laye la nyamude. Nyathi adiri ni mbolo nya yikhongolo, nya gusivbale, iyo gudekhula gakone gunga mugaradzela kholu nyingabani nyi ziza nigu bomba. Khanga gira nyagurini. Nyidiri ni likhumi na livbandre myaga gambe, nyilide gikhathi nyingapwa novba nawu xililika mamawundruni nanyi bwelela tshengeledzanutunu nanyi wengwa khu ngima. Myaga nyagutale givili gyangu nagi dwana ni maalakanyo yaya, gambe mivbindride myaga nanyingasi dzipwi wurumba nyaluphye.

Nyi khokhisede gumanana ni Che musitaratoni sa Harare, nyidiguhadzi gulila, anyitide, aholu satshavbo anga ganela khasangabani sipwala, gambe nyitugude gukheni adiri ni madwale nya lihure. Nyingutumba gukheni liphelede wulanga wule nya lisima: vbale nyagu vathu nya vangi mafuni momu khavanaga guti simbari gugumamela.

SOBRE OS AUTORESS

ANDREA RAZAFI (de nome completo: Andrea Razafindraibe) é apaixonada pela escrita desde a infância, deixando-se levar pelas doces ondas da sua imaginação. A escrita sempre fez parte da sua vida. O poder das palavras é tão forte, submetendo-se à sua força, ela navegou de uma oficina de escrita para outra, cruzando com diversas penas, umas mais brandas e outras mais rebeldes do que a sua. Com o passar do tempo, uma parte dos seus escritos foi publicada numa colectânea de contos, tanto maravilhosos como perturbadores, publicados também na *Indigo Magazine*.

CHIEDZA MUSENGEZI nasceu e cresceu no Zimbabwe. Ela vive e trabalha actualmente na Irlanda do Norte. Ela co-editou compilações de vozes femininas em: *Women of Resilience (Zimbabwe Women Writers, 2000), Women Writing Africa: The Southern Region (The Feminist Press, 2003) e A Tragedy of Lives: Women in Prison in Zimbabwe (Weaver Press, 2003), Writing Now (Weaver Press, 2005), Women Writing Zimbabwe (Weaver Press, 2008)* e *Writing Lives (Weaver Press, 2013).*

FREEDOM NYAMUBAYA (1960-2015) agricultora, bailarina e escritora nascida em Uzumba dedicou-se ao activismo em prol do desenvolvimento rural, igualdade de género e paz. Desistiu do ensino secundário em 1975 para aderir ao Exército Nacional de Libertação do Zimbabwe em Moçambique, tendo sido posteriormente eleita Secretária da Educação na primeira conferência da Liga Feminina da ZANU em 1979. Fundou a MOTRUD e o Zimbabwe Peace and Security Trust. Passou os últimos cinco anos da sua vid ana propriedade rural Mhangura onde procurava trabalhar com os aldeãos da zona para promover actividades de agricultura e desenvolvimento e de defesa da fauna bravia contra caçadores furtivos e predadores.

A sua poesia foi publicada em *On the Road Again (Zimbabwe Publishing House, 1985)* e *Dusk of Dawn (College Press, 1995)*, consideradas tentativas de lidar com um mundo brutal através de imagens e rimas desconcertantes.

GUGU NDLOVU escreveu vários contos sobre vivências no Zimbabwe. Ela nasceu em Lusaka, Zâmbia, filha de pai Zimbabweano, um activista político e mãe canadiana, uma educadora tendo passado os anos da sua formação tanto no Zimbabwe como no Canadá. Ela vive actualmente no Canadá onde passa grande parte do tempo a cuidar dos três filhos e a desfrutar do seu novo panorama cultural.

JOHARY RAVALOSON nasceu em Antananarivo, Madagáscar, estudou Direito em Paris e nas Ilhas Reunião (PhD, 2002) antes de regressar à sua cidade natal em 2008. Desde 2017, vive em Caen (França) e dedica-se à escrita, à tradução e à edição.

O seu universo tece tradições e lendas, mas queima com um fogo contemporâneo. A maioria das suas personagens sente-se deslocada, mas tenta lidar com isso. São muitas vezes românticas, convidando-nos a partilhar a sua crença de que o amor conduz à redenção.

Em 2006, fundou a editora Dodo Vole com a sua esposa, a artista contemporânea Sophie Bazin, iniciando uma nova tendência de publicação no país em Madagáscar e nas Ilhas Reunião.

Em 2018, lançou a revista Lettres de Lemurie, que publica textos literários do Oceano Índico.

As suas mais recentes obras publicadas em francês incluem: Antananarivo in time, contos com fotografias de Sophie Bazin, 2022; Amour, patrie et soupe de crabes, romance, 2019; Les nuits d'Antananarivo, contos, 2016 e Vol à vif, romance, 2016.

NAIVO trabalhou como jornalista em Madagáscar. O seu primeiro romance, Beyond the Rice Fields (Restless Books, 2017) descreve o violento choque cultural e as mortes em massa que surgiram no início do século XIX em Madagáscar em reacção à chegada de missionários britânicos e à ascensão do cristianismo. Naivo é também autor de vários contos, incluindo "Dahalo", que recebeu o prémio RFI/ACCT em 1996, e "Iarivomandroso", que foi adaptado para uma produção teatral em Antananarivo, Madagáscar. Também escreveu "Madagascar entre poivre et vanille," (Sépia, 2015), uma colectânea de contos que explora vários tópicos relacionados com Madagáscar contemporâneo, incluindo a era socialista, os golpes políticos recorrentes, a corrupção do sistema judicial, e os ressurgimentos monárquicos e coloniais. O seu novo romance Menamaso (a ser publicado em breve), descreve a vida dissoluta, as reformas anarquistas e o eventual assassinato do re Radama II e de todos os seus companheiros, numa era de convul-sões políticas e de colisão cultural com o Ocidente.

NOVIOLET BULAWAYO nasceu, cresceu e estudou no Zimbabwe. Concluiu os estudos universitários nos EUA, tendo-se graduado em 2010 com um Mestrado em Belas Artes e Escrita Criativa na Cornell University onde a sua obra foi reconhecida com um Truman Capote Fellowship. Em 2011 ela venceu o Caine Prize com o conto 'Hitting Budapest', que se tornou o primeiro capítulo do seu romance A Neve e as Goiabas (Teorema, 2014) cujo original, *We need new names*, foi finalista do Man Booker Prize em 2013, tornando Bulawayo a primeira mulher negra Africana e a primeira Zimbabweana a conseguir o feito. Entre outros pré-mios, ela venceu também o Etisalat e o Hemingway Foundation Pen Award.

A PUBLICAÇÃO DESTE LIVRO FOI POSSÍVEL GRAÇAS AO GENEROSO APOIO DE:

Carlos De Lemos

Master Power Technologies Moçambique S.U., Lda.

Abiba Abdala

Abílio Coelho

Almir Tembe

Ana Catarina Teixeira

Ângela Marisa Baltazar Rodrigues Bainha

Antonella De Muti

Carla Marília Mussa

Carlos Jorge 'Cajó' Jama

Celma Mabjaia

Celso Tamele

Dalva Isidoro

Eduardo Quive

Elcídio Bila

Emanuel Andate

Euzébio Machambisse

Hermenegildo M. C. Gamito

Hugo Basto

Ilka Collison

Inês Ângelo Tamele Bucelate

Jéssica Brites

João Raposeiro

José dos Remédios

Lucas Muaga

Manuel Bernardo 'Julião' Boane

Maria Gabriela Aragão

Muzila Nhatsave

Pincal Motilal

Pretilério Matsinhe

Ricardo Dagot

Sónia Pandeirada Pinho

Tina Lorizzo

Virgília Ferrão

O SEU NOME TAMBÉM PODE CONSTAR NESTE E NOUTROS LIVROS

SUBSCREVA OU OFEREÇA UMA SUBSCRIÇÃO AOS SEUS AMIGOS E FAMILIARES

Além das vendas na livraria, a Editora Trinta Zero Nove conta com subscrições de pessoas como você para poder lançar as suas publicações.

Os nossos subscritores ajudam, não só a concretizar os livros fisicamente, mas também a permitir-nos abordar autores, agentes e editores, por podermos demonstrar que os nossos livros já têm leitores e fãs. E dão-nos a segurança que precisamos para publicar em linha com os nossos valores literários e de responsabilidade social.

Subscreva aos nossos pacotes de 3, 6 ou 12 livros e/ou audiolivros por ano e enviaremos os livros ao domicílio antes da publicação e venda nas livrarias.

Ao subscrever:

recebera uma cópia da primeira edição de cada um dos livros que subscrever

receberá um agradecimento personalizado com o seu nome impresso na última página dos livros publicados com o apoio dos subscritores

receberá brindes diversos e convites VIP para os nossos eventos e lançamentos

Visite www.editoratrintazeronove.org ou ligue para nós pelo 87 000 30 09 ou envie-nos um WhatsApp para 84 700 30 09 para apoiar as nossas publicações ao subscrever os livros que estamos a preparar.

SEJA BEM-VINDO
À EDITORA TRINTA ZERO NOVE

damos voz às estórias

Para os leitores de palmo e meio - Infanto-juvenil

Ana e os três gatinhos *de Amina Hachimi Alawi, Marrocos*

Sabes o que eu vejo? *de Amina Hachimi Alawi, Marrocos*

A rota dos espiões *de Manu e Deepak, Índia*

Akissi, o ataque dos gatos de *Marguerite Abouet, França*

Eu rezemos só que me safo *sessenta redacções de crianças Napolitanas, de Marcello D'Orta, Itália*

O Mundo é Meu *de Tahmineh Haddadi, Irão*

O caderno de rimas do João *de Lázaro Ramos, Brasil*

O caderno sem rimas da Maria *de Lázaro Ramos, Brasil*

O cabelo de Cora *de Ana Zarco Câmara, Brasil*

Lengalenga *de Luci Sacoleira, Brasil*

Sulwe *de Lupita Nyong'o, EUA*

Fazia-se cá esqui? *e Raymond Antrobus e Polly Dunbar, Reino Unido*

O pescador de plástico e outras profissões do futuro
de Sofia Erica Rossi, Itália

Menino de sorte *de Lawrence Schimel, Espanha*

Não quero estar aqui *de Lawrence Schimel, Espanha*

Lê um livro comigo? *de Lawrence Schimel, Espanha*

Colecção (en)cont(r)os – Conto

Não tentem fazer isto em casa *de Angela Readman, Reino Unido*

Líquida *de Anna Felder, Suíça*

Rafeiros em Salónica *de Kjell Askildsen, Noruega*

Intrusos *de Mohale Mashigo, África do Sul*

Bagdade Noir *de Samuel Shimon, Iraque*

Beirute Noir *de Iman Humaydan, Líbano*

Involução e outros contos para um mundo em crise
Colectânea do Concurso de Tradução Literária 2020

O Redentor do Mundo
Colectânea do Concurso de Tradução Literária 2019

No oco do Mundo
Colectânea do Concurso de Tradução Literária 2015-2018

Colecção (des)temidos - Romance

Não vás tão docilmente *de Futhi Ntshinguila, África do Sul*

Eu não tenho medo *de Niccolò Ammaniti, Itália*

O céu é um disco azul *de Carolina Schutti, Áustria*

Cidade Submersa *de Marta Barone, Itália*

A nova estação *de Silvia Ballestra, Itália*

Livrinho de entomologia Fantástica de *Fulvio Ervas, Itália*

Teodoro *de Melissa Magnani, Itália*

Colecção (uni)versos – Poesia

Feeling e feio *de Danai Mupotsa, África do Sul*

A Perseverança *de Raymond Antrobus, Reino Unido*

Amnésia colectiva *de Koleka Putuma, África do Sul*

Não-ficção

Meu Nome é Porquê *de Lemn Sissay, Reino Unido*

Olá mãe *de Polly Dunbar, Reino Unido*

Printed in the United States
by Baker & Taylor Publisher Services